Impressum:
Dagmar Dreves Verlag,
Woxdorfer Weg 11 A,
2107 Rosengarten (Tötensen),
Erscheinungsjahr 1990,
1.Auflage
Alle Rechte vorbehalten.
ISBN 3-924 532-07-9

Bruno Sörensen • Es ist schön, daß es dich gibt

Bruno Sörensen

Es ist schön, daß es dich gibt

HALLO ... !

Wie schön, daß es Dich gibt!
Zeit meines Lebens werde ich Dich lieben,
achten, ehren, respektieren,
akzeptieren — und Dir all Deine Freiheit
garantieren:

Weil Du der Mensch bist, den ich liebe —
wie auch ich ein Mensch bin, sei gewiß,
es ist so.

Mein Geist ist wie Deiner, und geistig
sind wir in Harmonie — positiv —,
denn **ich bin**, und das tatsächlich.
Zu meinem Leben brauche ich Dich!

Positives Denken und Handeln ...

... ist nichts Geheimnisvolles, nichts Mystisches, nichts Sektenhaftes und hat nichts mit Spinnerei zu tun. Es ist einfach das realistische und fantasievolle Denken daran, daß alles Positive, das man denken kann, tatsächlich auch verwirklicht wird. Wer also zum erstenmal mit diesem Begriff konfrontiert wird und sich zunächst darunter nichts Konkretes vorstellen kann, der denke bitte nicht, daß es etwas anderes ist, als das, was er bisher als Realismus bezeichnet hat. Es ist nur etwas unterschiedlich von dem Denken, welches bisher Tag für Tag praktiziert wurde.

Also, bitte nicht ablehnen, was man bisher noch nie praktizieren konnte. Einfach sich öffnen, zuhören und fühlend, empfindend genießen. Wenn von positiven Gedanken gesprochen wird, dann gehen diese in das Unterbewußtsein als Saat ein. Das Handeln kommt erst später. Wer die Saat kontrollieren will, verhindert das Wachstum und das Reifen. Es ist ganz wichtig, erst einmal die Gedanken in die positiven Bahnen zu leiten. Im Unterbewußtsein vollzieht sich ein unkontrollierbarer Prozeß, aus dem dann positive Gedanken und damit die einzig richtige Machbarkeit, die zur Tat führt, entstehen.

Wer sagt, das hört sich alles ganz gut an, ist aber in der Praxis des Alltags nicht realisierbar, der schadet sich selbst. Positives Denken und Handeln ist die Macht über das Unterbewußtsein. Alles Gedachte wird Wirklichkeit — ob positiv oder negativ.

Das Negative ist vorhanden, es soll auch nicht verleugnet werden. (Hunger, Elend, Krieg, Armut, Krankheit usw.) Es ist unsere Aufgabe, all das zu ändern. Das Übel erkannt zu haben und es nicht zu dulden, ist immer der Dünger für positive Gedanken, die dann bewirken, daß die Not gewendet werden kann.

All das ist von keinem anderen abhängig, als von einem selbst. Nur durch Taten, durch Handlungen, die durch positive Gedanken ihren Anfang nehmen, ist ein glückliches, zufriedenes, harmonisches und gesundes Leben in Freiheit und Friedlichkeit möglich. Sei so frei und laß frei sein!

1. Januar

Freiheit ist Freiseinlassen, ist Nähe, Liebe, Frieden, Wohlstand, Gesundheit, Glücklichsein, ist das eizige Gebot des Lebens. Darauf baut sich alles auf.

Freiheit ist, wonach gesucht wird. Sie kann gefunden werden, wenn sie gewährt wird. Der Erhalt der Freiheit des anderen ist die Garantie für ein friedliches Miteinander. Das beginnt in der Zweierbeziehung. Die Freiheit ist das Leben in glücklicher, gesunder Harmonie mit sich selbst und mit den anderen.

Geh durch die Pforte des Zweifels und der Angst hinaus in die Weite der Harmonie, der Zufriedenheit, des Glücklichseins, der Freiheit!

Laß hinter dir alles dich Einengende, Bedrückende, Krankmachende, alle Abhängigkeiten, die du dir und anderen anhängtest, aufbürdetest!

Laß hinter dir all das, was dir nicht gehört, nicht zu dir paßt!

Mach dich frei für alles Gute, was zu dir paßt, was zu dir will, was zu dir gehört!

Du bist frei. Geh durch die Pforte hinaus! Dort wirst du dich wiederfinden und glücklich sein. Denn von dort kamst du einst.

Geh hinaus durch die Pforte! Sie ist offen. Geh, dann lebst du dein Leben erlebend!

2. Januar

Ich glaube an Botschaften derer, die einst lebten und jetzt körperloser Geist sind. Sie können sich nur durch Botschaften mitteilen, die wir verstehen, wenn wir fühlend empfinden.

Es ist schwer faßbar für den Verstand, wenn die Sprache des Unterbewußtseins zugelassen wird. Inspiration kommt aus dem Bewußtsein, woher wir kommen und wohin wir gehen.

Ich glaube, daß wir alle Geist sind, der kommt und geht von Leben zu Leben, um zu wachsen bis hin zu vollkommener Einheit mit dem, was wir Gott nennen. Ich kam, um mich wieder mit IHM zu verbinden. Das ist mein Ziel!

Es fließt alles wie das Wasser, bis es an einem Staudamm plötzlich und gewollt abgebremst wird, um eine Kraft zu erzeugen, die genutzt wird. Eine Energie, die für den Menschen Leistungen erbringt und ihn selbst davon entlastet, vor dem Rad einherzugehen, um es anzutreiben. — Dies alles ist der Mensch, der sich bewußt ist, daß er der Fluß des Lebens ist und sein Bewußtsein der Staudamm.

Ich will erkennen,
was gut ist,
was ist.
Ich will es dahin bringen,
wo es hingehört.
Es hat so viele Wege genommen,
bis es mich erreichte.
Jetzt aber habe ich es wahrgenommen.
Jetzt bin ich der Erreichte.

3. Januar

Als der Geist noch mit der Seele sprach, da fühlte sich der Körper wohl, war gesund und kräftig. Als aber der Mensch begann, seinen Geist nach außen zu richten, begann er die Seele zu vernachlässigen. Die Seele kann nur über den Geist sprechen. Wenn der Geist jedoch nicht da ist, wo er hingehört, sondern außer sich ist, dann bleibt ihr nur, sich über den Körper bemerkbar zu machen. Das tut dann sehr weh. So vernichtet der Mensch seinen Körper, seine Seele und damit sich selbst mit seinen Gedanken, mit seinem Geist.

Wenn du die Dreieinigkeit verstehst, empfindend verstehst, dann lebst du bewußt. Dreieinigkeit heißt, die Einigkeit von Körper, Geist und Seele. Einigkeit heißt, Harmonie mit allem und mit allen.
Du bist die "Drei".

Finde dich und bringe dich in Einklang!
Danke deinem Körper, der dich tun läßt!
Danke deinem Geist, der dich bewußter macht!
Danke deiner Seele, die dich wachsen läßt!

4. Januar

Der Stuhl neben mir war frei. Sie setzte sich, bestellte, und als ihre Schokolade serviert wurde, zündete sie sich eine Zigarette an. Eine junge Frau.

Wie das Gespräch dann begann, ist nicht von Bedeutung, jedenfalls aber die Fakten. Sie war eine Theologiestudentin und stand kurz vor dem Examen, war aber dabei, aufzugeben. Die Belastung, die sie sich aufgebürdet hatte, konnte sie nicht mehr tragen. Ihr war die Sinnlosigkeit des Lehrpensums und Lehrstoffes bewußt geworden. Der Beruf, als Theologin tätig zu werden, war nicht mehr ihr Ziel. Sie suchte jetzt Arbeit, damit sie ihren Lebensunterhalt verdienen konnte.

Sie mochte Menschen. Sie konnte gut zuhören, einigermaßen Maschine schreiben und fast alles lernen, so sagte sie mir. Jetzt lebte sie noch vom Stipendium — aber dann, die Zukunft, die Angst, die Ungewißheit, die Arbeitslosigkeit ... Sie hatte sich zugemacht, sich eingeschlossen und lebte in dieser Qual der Hölle, ganz tief am Boden zerstört. In ihr breiteten sich immer mehr negative Visionen ihres Zukunftsbildes aus. Sie war verzweifelt und wußte weder Antwort noch Rat für sich, um aus dem Chaos ihrer Gedanken herauszukommen.

Vor fünf Jahren war sie aus der DDR zu uns gekommen, hatte hier aber nicht den gewünschten Anschluß gefunden, fühlte sich nicht geborgen. Sie hatte einen Freund, aber mit ihm hatte es wegen des Stipendiums Differenzen gegeben.

Ich berichtete ihr von meinen Erkenntnissen, die ich aus meinem Unterbewußtsein schöpfte. Ich erzählte, daß ich alles aufschriebe, um es meinen Mitmenschen mitzuteilen, damit sie es selbst für sich erkennend vervielfältigen könnten, wenn sie wollten. Und zwar unverbindlich, unabhängig, zwanglos und frei. Theoretisch wußte sie viel mehr als ich durch ihr Studium und aus der Bibel, aber ihre Lebensangst ließ sie immer verzweifelter werden.

Ich bot ihr Hilfe an und erklärte ihr aber, daß nur sie selbst sich wirklich helfen könnte. Auf jede ihrer Fragen sei die Antwort in ihr selbst. Was sie suchte, sei in ihr selbst vorhanden. Angst vor morgen bräuchte sie nicht zu haben. Der Beweis sei, daß sie heute und schon viele Tage lebte. Arbeit, die sie sich wünschte, würde sie sicher bald finden, und wenn es etwas dauerte, könnte sie bis dahin jede andere Arbeit ausüben, um ihren Lebensunterhalt zu verdienen. Alles würde sich regeln zur Zufriedenheit, die der Ausgangspunkt zum Ziel ist.

Die innere Stimme, die wegweisend ist, wird oft vom Verstand unterdrückt und deswegen nicht gehört. Genau diese, ihre innere Stimme hätte sie heute auf diesen Stuhl neben mich geschickt, sagte sie.

Für mich gibt es keine Zufälle mehr, und so stimmte ich ihr zu, weil ich es empfand. Sie dankte mir, daß ich ihr zugehört hatte, und wir wünschten uns beide einen schönen Tag. Ihre Augen leuchteten.

Ich spreche gern mit Menschen, höre ihnen zu. Anonym offenbaren sie ihr ICH ohne Maske, mit Gefühl — einfach menschlich.

5. Januar

Jeder geht seinen Weg. Heute gehen wir ein Stück des Weges gemeinsam. Es liegt bei uns, zusammen zu gehen. Es ist möglich, wenn ich dich gehen lasse, wie und wohin du willst, und wenn du mich gehen läßt, wie und wohin ich will. Das Ziel ist das gleiche, nur die Wege, die können und dürfen verschieden sein — wie wir.

Ist es gut, dann mach es.
Ist es wahr, dann sag es.
Ist es notwendig, dann wirst du es schaffen,
die Not zu wenden.

6. Januar

Die wahre Zentrale, die den Menschen und sein Leben steuert, ist in der Magengegend vorhanden. Sie wird Solarplexus, Unterbewußtsein, Seele, großer Geist oder auch Gott genannt. Sie ist dem Men-

schen getreu und führt bedingungslos das aus, was ihr abverlangt wird. Das Bewußtsein gibt die Order und alles geschieht. So fühlt sich dann auch der Mensch — es sei ihm gegönnt, denn sein Wille geschieht. Gibt er die falschen Befehle, dann fühlt er sich schlecht. Gut jedoch dann, wenn er gute Befehle erteilt.
Die Zentrale macht Rückmeldung über den Körper.
Bei positivem Denken: Gesundheit, Wohlgefühl, Harmonie usw.
Bei negativem Denken: Krankheit, Unwohlsein, Depressionen usw.
Nur der kann sich in Freiheit und Unabhängigkeit voll in seinem Leben entfalten, der versteht, daß die anderen Menschen wie er sind und das gleiche Recht haben, ihre Freiheit als höchstes Gut zu schätzen. Unserem glücklichen Leben steht nichts im Wege, wenn wir es wollen.

7. Januar

Resignation ist ein Abfinden mit der unfreimachenden und ungeliebten Situation, aus der dann Depressionen, Pressionen und schließlich die Aufgabe des wirklichen Lebens entstehen. Von da an beherrscht dann das negative Denken und Handeln den Menschen, verstärkt sich, breitet sich aus und überträgt sich auch auf die Umwelt.
Dazu kommt es erst gar nicht, wenn man sich in Ruhe und Entspannung begibt (autogenes Training — Meditation — Joga — Gebet — usw.). Denn aus der Ruhe kommen stets die guten Ideen, die Lösung eines jeden Problems. Aus der Ruhe kommt jedes Empfinden, jedes Finden ganz von allein. Sei überzeugt und geduldig! Ungeduld zerstört, führt zum Suchen, lenkt ab vom Finden und führt schließlich in die Irre. Ruhe ist ganz einfach eine Erlösung.

8. Januar

Unsere Sprache kann häufig nicht ausdrücken, was gemeint ist, und zwar dann, wenn ohne das Gefühl der Seele gehört wird. Der Verstand reicht oft nicht aus, denn er hört, was er will und nicht das, was gesagt wurde.

9. Januar

Ich höre nicht gern zu, wenn man mich belehren will, denn das kann nur ich. Ich will frei sein, ich sein. Das geht nur, wenn ich über mich allein bestimme, wenn ich bereit bin, in mich aufzunehmen, was gut ist für mich. Nur das ist gut, was wir gemeinsam gut finden.
Ich lebe jetzt, eigenwillig, mich wollend — mein Ich lebend. Mich will ich leben, denn kein anderer kann und will ich sein. Alles ist in mir, und nur dort kann ich mich finden; bei keinem sonst. Manchmal finde ich durch andere, was auch in mir ist. Werde mir dann dessen bewußt. Eigenwillig sein, ist bei mir sein.
Die Zufriedenheit, die alles Gute vermehrt, die hat man mich nicht gelehrt, die mußte ich selber finden. Es wird mehr, wie alles mehr wird, woran ich festhalte, woran ich glaube.

10. Januar

Vor lauter Verstand können manche nicht mehr fühlen. Sie suchen die Ursache, die aber sind sie selbst und ihr Verstand.
Und den verstehen sie nicht — mehr.
Jeder, der eine gute Zukunft fantasiert, hat ein gutes Vertrauen zu sich und genießt das Leben. Jeder, der eine schlechte Zukunft oder sogar den Weltuntergang voraussagt, lebt nicht bewußt und darf nicht ernst genommen werden.
Solche Leute verbreiten Angst, die mit dem tatsächlichen Leben nichts zu tun hat. Sie sind ansteckende Pessimisten, die nicht wissen, welch ein Reichtum und wieviel Gutes in ihnen steckt. Geistig arme Menschen sind sie. Sie wissen mit sich selbst nichts anzufangen, sind außer sich, sind nicht sie selbst. Sie leben bewußtlos in der Hölle.
Sie wissen nicht, was sie tun. Sie kritisieren die anderen und versuchen, sie zu bessern, statt beispielhaft sich selbst zu sein und zu genießen.

11. Januar

Angst ist die Hölle, und darin leben die meisten. Sie übertragen die Angst, und so wird die Hölle immer mächtiger. Angst ist nichts weiter als hinderliche Spekulation, die wahr wird, wenn man will, wie alles wahr wird, was man will.

12. Januar

Kein Glaube an Kristalle, Kastanien oder sonst irgendwelche Fetische hilft dir, weil diese Dinge außerhalb von dir sind. Was dir hilft, bist allein du. Dein Glaube an dich ist die einzige Kraft, auf die du fest vertrauen darfst. Wenn du willst, glaube an dein ICH, denn andere Götter gibt es nicht.

13. Januar

Bei deiner Geburt wurdest du Körper und Geist. Ab diesem Moment war dir all das, was du mitbrachtest, nicht mehr bewußt. Du kamst auf die Welt, um eine Aufgabe zu erfüllen, etwas zu bewirken, das den Menschen hilft. Dieser Aufgabe mußt du dir bewußt werden, um sie zu erfüllen. Du brauchst nur zu finden. Sei dir bewußt, daß du immer dann auf dem richtigen Weg bist, wenn du mit deinem Tun glücklich bist, dich freust, zufrieden und harmonisch bist.
Dein Gefühl ist die Sprache, mit der dein Körper auf deine Gedanken antwortet. Das bist du: SEELE!

14. Januar

Immer hast du dein Ich verlassen und bist gedanklich in eine andere Identität geschlüpft, wenn du voller Angst in negativen Möglichkeiten spekuliertest, wenn du wütend oder traurig, mutlos oder depressiv oder wenn du, daraus resultierend, krank warst, wenn du von Alpträumen geweckt wurdest und schweißgebadet Schlafstörungen hattest.

Immer dann bist du nicht du, dann bist du gottverlassen. Was du spekulierst, hat nichts mit dir persönlich zu tun. Es kommt von außen, und du hast die Wahl, es anzunehmen oder nicht.

Denke nur das Gute, das Positive: das bist du!
Das andere beachte nicht, und es wird vergehen!

15. Januar

Über die Frage nach gestern und morgen, nach vorherigen Leben und Wiedergeburt, wird das einzig Wichtige völlig vergessen und damit nicht gelebt: Wir leben nicht gestern und morgen, wir leben jetzt in diesem Moment, und der kann nicht weggedacht werden — aber er kann ohne Bewußtsein gelebt werden.

16. Januar

Mitleid ist nicht der Weg, das Leid zu beseitigen, zu wandeln in Zufriedenheit. Es gilt, Zufriedenheit zu übertragen.

Leid ist Selbstverlassenheit und Abhängigkeit. Den Leidenden zu sich selbst zurückzuführen, ist Hilfe zur Selbsthilfe und kein Mitleid. Der Leidende muß seine Gedanken richten auf das, was er will.

Ihn zu verstehen, heißt nicht, sich in ihn hineinzuversetzen, sich mit ihm zu identifizieren, sich von ihm infizieren zu lassen. Damit ist keinem geholfen, das wäre das Verlassen des "ICH".

17. Januar

"Positives Denken und Handeln, das hört sich alles so gut an", sagte mir einmal eine 35jährige Frau, "aber woher bekomme ich morgen das Geld, das ich zum Leben brauche?"
"Sie leben", antwortete ich, "seit 35 Jahren, und immer war Geld da. Es wird also da sein, und Sie werden auch morgen leben."

18. Januar

Die Habgier bestimmt Preis und Wert. Ein Diamant ist ein Stein, Gold ist Metall. Erst durch die Seltenheit, das geringe Vorkommen, entsteht die Gier, um jeden Preis besitzen zu müssen. Dann meinen die Besitzer, andere, wertvollere Menschen zu sein als die, die diesen Preis nicht zahlen können.

Diamant bleibt Stein, Gold bleibt Metall, Mensch bleibt Mensch. Hochmut und Neid sind negativ.

19. Januar

Gemessen am Inhalt eines prall gefüllten Portemonnaies ist eine liebe Geste nicht zu sehen, wird ein liebes Wort nicht gehört, eine zärtliche Berührung nicht gefühlt. Jedes Empfinden ist völlig unterdrückt von der Gier, die die Herzlichkeit verhindert, die durch nichts zu ersetzen ist; schon gar nicht durch ein prall gefülltes Portemonnaie.

20. Januar

Neid ist die eigene Erniedrigung. Es ist eine Anerkennung und Vergrößerung des anderen, und dann kommt man sich selbst arm und klein vor. Klein ist keiner, groß ist keiner. Vergleiche sind nur zur eigenen Weiterentwicklung, zum Erkennen des Besseren wichtig.

21. Januar

Wirklichen Reichtum, Überfluß und Wohlstand wirst du nur dann erreichen, wenn es dir gelingt, daß es auch dem anderen gutgeht. Genuß des Wohlstandes ist nur dann möglich, wenn um dich herum keiner ist, dem es schlechtgeht. Neid ist kein Genuß, sondern Belastung.

Das heißt nicht etwa, daß du arm sein mußt. Wünsche jedem, daß es ihm mindestens so gut wie dir geht! Sei nicht neidisch auf die, denen es bessergeht als dir. Das würde dich von deiner Zufriedenheit und dem Genuß dessen, was du hast und was du bist, abhalten und unfrei machen.

Nicht was andere haben ist dein. Dein ist das, was du hast. Es wird immer mehr, weil es ungehindert von dir angenommen wird. All das Gute, was dir widerfährt, das gönne und wünsche auch den anderen.

Bedenke: Jeder, dem es gutgeht, der gesund und glücklich ist, ist einer, um den du dir keine Sorgen zu machen brauchst. Jeder, dem es gutgeht, ist ein Meckerer weniger. Ich lebe gern mit solchen Menschen, die nicht klagen. Sie sind beispielhaft. Sie sind Menschen, die mich leben lassen.

Harmonie ist Gleichklang, der harmonische Gleichklang aller!

22. Januar

Bitte dich um das, was du willst, und du wirst es erreichen! Es gibt immer einen Weg zum Ziel, und du wirst ihn finden. Laß dich nicht durch Zweifel ablenken oder abbringen!

Behalte dein Ziel im Auge, und du wirst es erreichen!

23. Januar

Deinem Glück stehen nur deine negativen Gedanken im Wege. Denke positiv, und du wirst dein Leben erfolgreich genießen. Du wirst, indem du dich erkennst, andere erkennen. Du wirst in dir bisher ungeahnte Fähigkeiten entdecken, die du nutzen wirst. Du wirst mit großer Freude finden, erfinden, gestalten, empfinden, frei sein und genießend leben. Du wirst glücklich und gesund sein. Erkenne, anerkenne, liebe dich. Dann bist du und wirst erkannt, anerkannt, geliebt.
Liebe ist bedingungslose Gewährung der Freiheit; der eigenen Freiheit — und der Freiheit der anderen. Das ist das Ziel, die Erlösung von allem Übel, das uns plagt und uns unwohl sein läßt. Decken wir sie auf — die Freiheit! In uns ist sie — die Liebe!

24. Januar

Freiheit ist Harmonie.
Ist loslassen.
Laß dich!
Laß den anderen!
Sei!
Er ist —
dann bist auch du.

25. Januar

Leben lassen, um zu leben! Nicht den anderen ändern, sich selbst ändern! Anerkennen, akzeptieren, tolerieren, loben, lieben, um selbst anerkannt, akzeptiert, toleriert, gelobt und geliebt zu werden.

Nichts erwarten von anderen, dann kommt alles von selbst. Was dann kommt, ist immer besser als die Erwartung.

Selbst beginnen, nicht erwarten, daß andere dafür zuständig sind, nicht verlangen, daß Verantwortung von anderen getragen wird. Erwarte nichts von anderen, dann bist du frei und unabhängig. Alles, was du dann von anderen bekommst, ist ein erfreuliches Geschenk.

26. Januar

Der negative Egoist ist der, der immer sehr rasch weiß, was andere tun oder lassen müssen. Er ist es, der von den anderen verlangt, denn sie sind es — seiner Meinung nach —, die verhindern, belasten, schlecht tun. Sein Augenmerk ist auf das Negative gerichtet. Er weiß, was er ablehnt. Er weiß aber nicht, wofür er sein könnte. Er traut sich nicht. Wer immer mit der Kritik von anderen an seinem Tun rechnet, macht sich selbst unsicher, ändert das Getane nicht. Er verunsichert sich selbst und das nur kraft seiner eigenen Gedanken.

Dein Wille geschehe! Jeder Wille geschieht durch die Kraft des Gedanken. Also auch dann, wenn man sagt: "Das will ich nicht."

27. Januar

Sag: "Ich bin frei und glücklich. Ich bin freilassend, ich bin zufrieden und neidlos."

Sag, was du nicht willst, denn das weißt du selbst am besten.

28. Januar

Du tust etwas, was du für richtig hältst. Dann kommen dir Zweifel, und du spekulierst. Nicht etwa, was richtiger wäre oder besser, sondern was an deinem Tun falsch war.

Aber es war doch nach deinem Erkenntnisstand entsprechend richtig gewesen, was du tatest. Du bist ungeduldig mit dir selbst und behinderst dein eigenes Wachstum. Der Geist, der immer vom Ergebnis deines Tuns profitiert, wächst dann, wenn du geduldig und tolerant mit dir bist. Du wirst dann immer bewußter, immer erkenntnisreicher, immer sicherer. Du wirst selbstsicherer.

29. Januar

Unser aller Leben ist Harmonie. Werden wir uns dessen bewußt! Denn Bewußtlosigkeit ist wie der Tod, ist nicht leben.
Das meiste ist gut, was wir, jeder für sich, erleben. Das Außergewöhnliche, was uns persönlich nicht betrifft, das hält aber unseren Atem an. Mit dem identifizieren wir uns, um uns unwohl zu fühlen. Das Geringe wird so gewertet, als sei es die Hauptsache. Das Schöne, die Freude, der Genuß, das bewußte Leben — das ganz Normale also — ist uns zu langweilig, weil es uns zuviel ist. Bedeutung hat, was selten ist.
Es ist viel einfacher, sicherer, gehaltvoller und sinnvoller, das zu erzählen, was einem gefällt, was man schön findet, wofür man ist, was man genießt.

30. Januar

Der Mensch ist sich selbst so viel wert, wie man es ihm ansieht. Nicht etwa sein Besitz an Materiellem, es ist das Licht selbst, das aus ihm heraus leuchtet. Das erkennt man an seinen Augen, an ihrem Leuchten.

Schau dich an, sei du und leuchte! Deine Augen siehst du im Spiegel. Sie sind dein Spiegel, dein Wert.

31. Januar

Tue nie etwas, um den anderen zu gefallen! Tue es, um dir zu gefallen, und lobe dich dafür! Sag dir schon morgens vor dem Spiegel, daß du dich magst, weil du dir gut bist!

Den Einfall, den du gut findest, führe sofort und ohne Zögern aus! Wenn dir hinterher einfällt, daß es anders noch besser wäre, sofort darüber freuen und ausführen!

Frage nicht, wie der andere es findet, was du dir denkst. Deine Frage ist Zweifel, aber du bist zweifellos und machst, was dir gut ist. Dein Ziel ist wichtig! Nicht nachlassen! Rückschläge sind Erkenntnisse, die dir weiterhelfen. Gute Dinge kommen mit dem Erkenntnisstand, bitte um Hilfe bei fachlichen Fragen! Du schaffst es, dein Ziel zu erreichen, und bist dann froh und glücklich mit dir.

1. Februar

Fröhlich, witzig, frech, charmant, mit strahlenden Augen und immer vergnügt: so sah ich ihn gern. Aber plötzlich ernst, der Blick nicht wie vorher. Ich fragte: "Was ist los? So verändert kommst du mir vor."
"Ja", sagte seine Kollegin, "die Haare kurz, der Bart ab, jetzt sieht er menschlich aus."
Ich hatte es nicht bemerkt. Aber jetzt sah auch ich es. Mir waren nur die Augen aufgefallen. Er sah für mich jämmerlich aus, kläglich. "Naja", sagte er. Ich erklärte ihm, daß er doch immer, also auch vorher ein Mensch gewesen wäre, ein Mensch, der mir gefiel, der gut war. So gut, wie er es von sich selbst nicht glaubte, so sehe er jedenfalls aus. Er stutzte, fragte: "Meinen Sie es ernst" — "Ja", sagte ich, "es ist mein voller Ernst, aus dem Herzen kommend." Er grübelte — ich ging. Die Veränderung war für mich eine Geste, für die anderen eine Kapitulation. Sein Schwung war hin.

Beim nächsten Besuch fragte er, was er machen solle. Ich riet ihm: "Sei einfach du! Denn du bist. Sei so frei, wie du warst! Sei für dich! Denn du bist du und nicht die anderen."

2. Februar

Alles, was du tust, alles, was du denkst, alles das ist für dich. Du bestimmst darüber, und so fühlst du dich. Ich gönne dir dein Gefühl für dich. Suche nicht außen, es ist in dir. Außen sind Anlässe, nicht mehr. Wenn du die haben willst, dann sind sie dein Gefühl.

Nimm dich! Dich kennst du. Erkenne: Der oder die anderen sind wie du. Jeder für sich ein Ich. Darin sind wir alle gleich: Wir sind Menschen, wir sind.

Ein schöner Tag ist heute; ein Tag, an dem wir leben.

3. Februar

Was ist der Sinn des Lebens?
Schwermut — Depressionen — Kontaktangst — Zukunftsangst — Alpträume — Streß — Belastung — unverstanden — unbeliebt — ungeliebt — Stottern — Erfolglosigkeit — Schwierigkeiten — Schuldenberg — schlechtes Geschäft — Schüchternheit — unerfüllte Wünsche — Sehnsucht — Kälte — häßlich — klein — dick — unwohl — kein Zweck — umsonst — völlig sinnlos — nicht erkannt — alt — schwer — wird ja doch nichts — was soll's — zu nichts zu gebrauchen — anstrengend — teuer — aufreibend — nicht machbar — warum kauft er nicht, was ich ihm anbiete — warum überzeuge ich ihn nicht — warum macht er es nicht, es ist doch gut für ihn — aber, aber, aber ... — Ich habe keine große Lust mehr — es ist so sinnlos — so zwecklos — lustlos — fade.
Was ist der Sinn des Lebens?
Schaffe ich es endlich — wann schaffe ich es endlich einmal, mich des Lebens zu erfreuen — wie ist es überhaupt möglich, sich des Lebens zu erfreuen — bei all den Einflüssen — all dem, was passieren kann und was täglich passiert — es gibt so viel zu bedenken und zu fürchten — man liest, hört und sieht doch ständig so viel — so viel, was nicht schön ist.
Ist das denn das Leben?
Das muß doch einen Sinn haben. Es kann doch nicht nur Kampf ums Überleben sein. Es kann doch auch nicht nur um Stärke, Stärke der Macht, der Durchsetzung, der Unterdrückung gehen. Wo bin ich eigentlich jetzt? Was will ich eigentlich hier, hier, wo ich mich so unwohl und so deprimiert, niedergedrückt, verkannt und erbärmlich fühle? Ist das denn noch menschlich? Ist diese Zeit denn noch erträglich?
Es ist so erdrückend, so belastend, so freudlos, diese Niedertracht und Lieblosigkeit unter den Menschen. Ich will doch leben, nichts als leben. Ich möchte endlich erkannt werden als das, was ich wirklich bin: ein Mensch, der gut ist, der zu euch paßt, der mit euch leben will, der euch liebt, der ohne euch nicht leben kann, für den das Leben ohne euch keinen Sinn hat.
Warum empfindet ihr nicht so, wie ich wirklich bin: liebenswert, na-

türlich, gut, tüchtig, strebsam, ehrlich und aufrichtig. Schaut mich an! Ich bin doch nicht häßlich, so wie ich bin. Na ja, es gibt andere, die sind größer, schlanker, hübscher, haben eine andere Bildung, andere Ansichten. Aber das sind sie, so wie sie auf ihre Art sind. Und so bin ich auf meine Art: nämlich gut, durch und durch gut.
Fangt jetzt bitte an, mich zu verstehen, mich so zu sehen, wie ich wirklich bin! Jetzt fange auch ich an, euch zu verstehen, zu empfinden. Ihr seid ja auch Menschen wie ich. Mitmenschen, die es lohnt, zu lieben. Die ich achte, beachte, empfinde — wie mich. Jetzt fange ich an, den Sinn des Lebens in mich aufzunehmen. Er war immer in mir, ich habe ihn nur nicht erkannt. Jetzt beginne ich, zu empfinden, zu verstehen.
Ich lebe nicht unter, über, neben euch, sondern mit euch — durch mich.

4. Februar

Beherrsche dich, nicht andere! Denn du bist dein Herr. Er ist in dir. Finde zu deinem Ich — das ist der Sinn deines Lebens!

5. Februar

Finde, was du hast! Dich. Und verlier dich niemals mehr! Finde zu dir! Dann brauchst du nicht mehr bei den anderen zu suchen. Such nicht bei anderen! Finde dich! Denn du bist.

6. Februar

Die unterschiedliche Individualität der Menschen ist jetzt über fünf milliardenfach vorhanden. Gleichheit wird es nie geben. Akzeptieren wir das und hören auf, danach zu suchen! Dann finden wir unter fünf Milliarden den einen, nämlich uns.

7. Februar

Immer spielst du richtig, immer tippst du richtig, immer setzt du deine richtigen Zahlen ein. Am Gewinnen hindert dich nur der, der zieht. Er zieht nicht deine Zahlen. Eine Disharmonie also zwischen dir und dem, der zieht. Die Harmonie aber wird erreicht, wenn du das tippst, wettest, was er zieht. Oder? Laß ihn! Er hat sein Ergebnis und du deinen Tip, und der ist richtig, richtig für dich.

8. Februar

Verhelf dem anderen zu seiner Sicherheit, indem du ihn bestätigst, daß er gut ist, daß er gute Gedanken und gute Ideen hat, daß er gute Arbeit leistet usw.
Bestätige ihm, daß er gut ist! Sage ihm, daß du dich darüber freust, ihn zu kennen, daß du gern mit ihm lebst in dieser schönen Zeit!
Wunder werden geschehen. Es tut ihm gut, und er kann sich dir gegenüber vertrauensvoll entfallten und öffnen. Immer mehr Neues kommt aus ihm heraus. Gutes, das in ihm ist und nur verschüttet war. All das kommt dir zugute.
Du bist der, der half, es freizulegen. Du bist auch der, der sich dann wohlfühlt, weil du der Anlaß bist. Sei dann stolz und froh, denn dann entwickelt sich Harmonie, die bei dir begann!

9. Februar

Alles, was ich schön finde, ist da.
Alles was kommt, ist ewig.
Eine unendliche Geschichte.

10. Februar

Ich tue meine Pflicht. Ich tue es, weil es erforderlich ist, es sein muß. Einer muß es ja machen, also ich. Es ist meine Aufgabe. Ich tue etwas, weil es mir Freude macht, es zu tun. Ich kann es, es macht Spaß. Ich freue mich, etwas tun zu können. Ich kann das gut, laß es mich tun. Ich habe daran Freude, es erfüllt mich. Ich bin gut auf diesem Gebiet, weil ich es mit Freude tue. Ich tue es, weil ich Lust habe, es zu tun. Ich tue es — und ich freue mich.

11. Februar

Eine gute Sicht. Eine lange, gerade Straße, der Horizont in der Ferne. Dort endet die Straße für mich, weil ich nicht weiter schauen kann, dort ist sie aber, das weiß ich, nicht zu Ende. Dahinter beginnt die unendliche Weite. Die Straße ist dort nicht zu Ende. Sie geht viel weiter, als ich sehen kann. Sie beginnt bei mir, dort wo ich stehe — in mir. All dessen bin ich mir bewußt. Die Straße ist — bis dorthin, wohin ich sie sehen kann — mein Bewußtsein und ab dort mein Unterbewußtsein.

Ich weiß aber, daß es hinter dem, was ich sehe, erst richtig losgeht. An der Straße hinter dem Horizont werden Tankstellen, Service-Stationen, Städte, Ortschaften, Dörfer, Menschen sein. Es wird Bäume, Anlagen, Parks, Kinder, Tiere geben. Ich kann dort alles, aber auch restlos alles, was ich auf meiner Reise brauche, um mich wohlzufühlen, bekommen. Dort ist es zwar fremd für mich, aber ich bin freundlich und man ist freundlich zu mir. Eine schöne und abwechslungsreiche Straße. Sie geht immer weiter, und ich gewinne immer neue Eindrücke.

Das ist meine Straße, mein Weg; das ist mein Leben.

12. Februar

Negatives Geschehen (Zeitungsmeldungen — Nachrichten — Tagesschau — Gewaltfilme), welches ich nicht beeinflussen kann, soll mich nicht mehr belasten! Es ist verschwendete Zeit und Energie, ich lasse es los.
Ich lasse es durchziehen. Es belastet mich nicht mehr.
Tschernobyl hat für die Bevölkerung der betroffenen Länder Angst gebracht. Die Angst hat aber nichts ungeschehen gemacht und auch nichts an der Tatsache geändert.
Gefragt ist der Fachmann, hier der Wissenschaftler, der Sorge dafür trägt, daß eine Wiederholung vermieden wird und künftige Konstruktionen sicher geplant werden.
Negatives zu suchen, um sich bestätigt zu fühlen, kann befriedigen, aber nicht ändern und vor allem nicht glücklich machen.
Sind es die negativen Dinge, die dich belasten, oder bist du es, der sich mit negativen Dingen belastet?

13. Februar

Mit Sorgen und Verdruß ist Schluß. Jetzt werden die Falten gebügelt. Glatt wird es sein und mich erfreu'n, denn jetzt wird endlich das, was wirklich wichtig ist, in Ruhe und Geduld empfangen und genossen. Die Scheuklappen weg! Die Hände von den Augen, weg auch von den Ohren und vom Mund. Ich werde frei sein, und meine Hände werden empfangen.

14. Februar

Der Arzt behandelt die Krankheit — Gott heilt den Menschen. Der Mensch erhält seine Gesundheit dann, wenn er die Ursache findet und die Ursächlichkeit ändert, die ist nämlich in vielen Fällen das verlassene ICH, die Seele, die unbeachtet blieb.

Wenn auf die Seele, die sich über das Gefühl ausdrückt, gehört wird, dann bleibt der Körper auch in Harmonie und ist gesund.
Zu sich selbst zurückzufinden gilt es also, zu seinem ICH, das man sich nehmen ließ, bzw. das man in andere hinein identifizierte.
Nur das "Ich-bin" ist das zu erkennende Leben.

15. Februar

"Das stimmt alles nicht so, wie du es sagst: mit dem Paradies, dem Frieden, der Nächstenliebe usw.", so wurde mir gesagt und weiter: "Dir geht es gut, du bist glücklich, gesund, kannst es dir erlauben, so zu leben, wie du glaubst, damit zufrieden zu sein. Was ich jedoch bezweifele, daß es tatsächlich so ist." "Was hast du nicht, was du brauchst zum glücklichen Leben?" "Ach was", war die Antwort, "du träumst. Sieh dich um, dann siehst du und hörst du das wahre Leben mit all dem, woran es mangelt, das ist die Realität."
Ich antwortete: "Deine Realität ist, was und wie du es siehst. Wenn du dich und deine Umstände ins rechte Licht rückst, dann wirst du auch dein und unser aller Paradies sehen. Doch dein Blick ist verschleiert, weil du auf das siehst, was die anderen haben, und solange, wie das nicht in Ordnung ist, meinst du, das Paradies nur als Hölle bezeichnen zu können."
Wie ich das ändern will, wurde ich gefragt.
"Ich habe mich geändert, meine Ansicht, meine Einstellung zu den Mitmenschen und den Dingen. Ich lasse jeden Mitmenschen frei und füge mit all meinem Tun keinem einen Schaden zu. Das ist alles, womit mein Paradies seinen Bestand hat. Es ist so, daß nicht die anderen geändert werden müssen bzw. sich ändern müssen, damit das Paradies funktioniert, sondern die Änderung kann nur von jedem für sich selbst erfolgen. Jeder, der glücklich ist, ist seinen Mitmenschen keine Belastung, sondern übertragene Freude.
Gönne dem anderen sein Sein, sein Ist, seine Freiheit, sein Leben, so wie er sich will. Dann bist auch du frei, das Chaos ist beseitigt. Dann können wir miteinander leben im Paradies."

16. Februar

Ich lebe und glaube an das Leben.
Ich habe alles, was ich brauche, und ich werde bekommen, woran ich glaube.
Was ich glaube, daß es wahr ist, das wird wahr. Es ist wahr, daß ich es bekomme. Daran glaube ich ganz fest. Es wird sein, so wie ich bin, denn ich lebe.

17. Februar

Diene, verdiene dir dein Brot im Schweiße deines Angesichts, so wird dir gesagt. Völliger Blödsinn ist das. Denn hier, an dieser Stelle wußte der Verfasser oder der Verfälscher nicht, was er sagte.
Niemals ist es so, daß der Mensch sich mühen und plagen muß, um zu leben, außer dann, wenn ihm das Denken schon Mühe und Plage ist.
Wer richtig denkt, dem wird aus der inneren Freude heraus stets das einfallen, was ihm ermöglicht, die Lösung der gestellten Aufgabe leicht zu vollbringen. Ihm wird es eine Leichtigkeit sein, zu erreichen, was er will, nämlich den einfachsten Weg zur Vollendung. Glücklich wird er sein mit seinem Schaffen.

18. Februar

Armut heißt, arm an Mut zu sein. Reichtum und Überfluß sind nicht nur mit materiellen Dingen meßbar.
Es geht darum, den inneren Reichtum zu sehen und im Überfluß davon abzugeben. Das führt dann dahin, daß wir es alle gut haben und in Reichtum und Überfluß leben — in beiden Beziehungen — materiell und geistig.
Das ist ausgewogen — ist Harmonie aller.

19. Februar

Ich rannte dem Glück hinterher, bis daß ich nicht mehr konnte.
Als ich dann zur Ruhe, zu mir kam, da holte es mich ein. Es war immer hinter mir, nur war ich immer schneller.
Jetzt weiß ich — alles ist ein Kreislauf. Ich bin jetzt glücklich, gehe mit dem Glück in Ruhe und Harmonie in diesem Kreis einher.

20. Februar

Unverschuldet sozial gefallen, das ist die Situation der Verzweiflung, das Ende. Gott sei Dank!
Denn jetzt beginnt der Anfang. Der Fall birgt nämlich in sich selbst die Möglichkeit der Bewußtwerdung. Ab jetzt kann es nur besser werden. Wer bereit ist, sich in dieser Situation auch innerlich fallen zu lassen, in sein Innerstes, sein Unterbewußtsein, der wird mit neuer Kraft aus seinem Innersten wachsend aufsteigen. Er wird sich selbst und sein Leben, seinen Lebenssinn finden. "Ich habe das überlebt. Ich lebe, und jetzt gibt es für mich keinen Grund mehr, daran zu zweifeln, daß ich mein eigener Lebensgestalter bin."
Es ist falsch, wenn der Fall festgehalten wird, indem man darüber nachdenkt, wie er zu verhindern gewesen wäre, bzw. wer daran die Schuld trägt. Denn er ist Tatsache, die nicht rückgängig zu machen ist. Er ist Vergangenheit und taugt zu nichts mehr — außer zu dieser Bewußtwerdung, dieser Erkenntnis, ihn als Startpunkt für das Neue zu betrachten.
Je mehr man an sein Unglück denkt, desto mehr hält man es fest. Je mehr man an sein Glück denkt, desto mehr Vorschläge und Möglichkeiten steigen aus dem Unterbewußtsein in das Bewußtsein herauf. Es kommen immer bessere Ideen aus dem inneren ICH. Je weiter man sich in sein Unterbewußtsein hinabfallen läßt, desto höher steigt man in seiner Bewußtwerdung auf.
Positives Denken ist keine Utopie, wie viele scherzhaft oder ernsthaft sagen. Positives Denken ist der Beginn zur Überwindung von Schwierigkeiten, die durch negatives Denken ihren unaufhaltsamen Anfang

nahmen. Positives Denken ist die ganz einfache Realität des Lebens, mit dem die Saat gelegt wird, die aufgeht, wächst und dann als Ernte das positive Handeln einbringt. Jedes Wohlgefühl ist die Bestätigung des Unterbewußtseins an den Körper dafür, daß es in übereinstimmender Harmonie mit dem Verstand ist.
Das ist das wirkliche Leben.

21. Februar

Wenn du deine Ansicht änderst, ändert sich auch dein Gefühl. Die dich bedrückende Sache wird dir aus der geänderten Sicht nicht mehr als Hemmnis vorkommen, sondern in einem anderen Licht erscheinen. Du wirst fühlen und empfinden, was du vorher übersahst. Du wirst glücklich sein darüber, daß dir Kleinigkeiten wichtiger sind als große Unwichtigkeiten. Du wirst Liebe empfinden, die du vorher nicht bemerktest, weil du zweifeltest — verzweifeltest.

22. Februar

Die Erhaltung deiner Gesundheit ist möglich durch die Erhaltung deiner Freiheit. Mach was du willst, woran du Spaß hast, was dich repräsentiert, womit du glücklich bist und verbessere dich dadurch fortwährend! Mach also nicht nur das, was man von dir verlangt oder erwartet, weil du glaubst, daß man es von dir erwartet.
Belaste dich nicht, indem du dir unüberschaubar viel vornimmst, und plane nichts, was du nicht einhalten kannst! Mach also keine Termine für dich, die uneinhaltbar sind. Verlange nichts von dir, was über dein Vermögen hinausgeht. Denn all das schränkt deine Freiheit ein, bis hin zur Abhängigkeit, die krank macht.
Gesundheit ist nämlich der Dank der Seele an den Verstand über den Körper. Dank für die Gewährung der Freiheit, die die Erhaltung des ICH, der Persönlichkeit ist.

23. Februar

Der Verstand darf den Körper, der das Werkzeug des Lebens ist, nicht mißbrauchen, wenn er nicht bestraft werden will. Die Seele bestimmt, und ihr sollte man vertrauen und auf sie hören.
Ich bin innen in mir und nie außen. Außen können nur die Gedanken des Verstandes sein. Das bin nicht ICH und betrifft nicht mich persönlich. Außen sind Höflichkeiten und verstellende Maske, innen ist die Wahrheit, bin ICH. Ich habe immer nur Schwierigkeiten mit dem Verstand, der Einbildung, nie jedoch mit meiner Intelligenz, die mein Unterbewußtsein ist. Meine Seele ist dem Licht zugehörig, das aller Ursprung ist und ewig.

24. Februar

Die eigene Sicherheit entsteht, wenn man sich nicht von anderen verunsichern läßt. Sie ist in einem selbst vorhanden.
Die Unsicherheit anderer ist ansteckend, wenn man sich anstecken läßt. Was nicht zu einem paßt, sollte man außen lassen, nicht annehmen. Es betrifft einen nicht persönlich, es betrifft den anderen, der andere als sich selbst ändern will und abhängig ist.
Nur von sich selbst hängt alles ab, was gut ist oder schlecht. Jeder entscheidet für sich selbst und nie über die anderen. Dein Wollen muß immer auf eine gute Sache gerichtet sein, die für dich und alle gut ist. Es darf niemals darauf gerichtet sein, andere zu ändern, denn das wäre Abhängigkeit. Unfrieden und Disharmonie führt nie zum Ziel deines Wollens, mit dem du doch glücklich sein willst.

25. Februar

In seinem Innersten ist jeder Mensch gut. Was ihm häufig fehlt, ist die eigene Überzeugung, weil ihm Anerkennung von außen nicht widerfährt. Also versucht er, sich verstellend, zu gefallen und ist deswegen verunsichert, weil er dann sehr schnell an die Grenze seiner Selbstsicherheit stößt, sie überschreitet und dann in der Unsicherheit, Unkenntnis und Verlorenheit landet. Gerade da ist er dann auch von denen trennend verlassen, denen er doch versuchte zu gefallen.

Da Harmonie, also Gleichklang gewünscht wird, bemüht er sich dann, weil er ja gut ist, seine Mitmenschen so gut wie sich selbst zu machen, also zu ändern. Er begibt sich dabei in eine neue Abhängigkeit, er stößt sich selbst ab, ohne es zu merken. Denn auf sein Gefühl hört er nicht, das hat er längst verlernt. So wird er dann krank und ist immer mehr allein.

Ihm ist zu sagen, daß jeder Mensch, wie er selbst auch, innen gut ist und der Unterschied lediglich außen ist, die Individualität also darstellt. Jeder ist gut, wenn er keinem anderen mit seinem Tun schadet.

26. Februar

Der unsichtbare Orden, mit dem sich mancher schmückt und auf dem dann steht: "Habt Mitleid mit mir! Beachtet mich jetzt, bitte! Ich bin doch ein Mensch wie ihr auch, habt mich lieb! Ich bin bemitleidenswert, krank", dieser Orden ist selbst verliehen für die Aufkündigung des eigentlichen, des eigenen Lebens. Alles war außen und nicht bezwingbar, und dabei wurde die innere Freude nicht beachtet. Das Selbst blieb unbeachtet. Alles, was innen ist, wurde außen gesucht und deshalb nicht gefunden.

27. Februar

Die Ursache deines Unwohlseins sind deine Gedanken, die sich mit spekulativen Dingen befassen, die mit dir nichts zu tun haben, dich nicht betreffen. Du hältst an ihnen fest, weil du sie nicht magst. Jedoch änderst du auch gedanklich das Geschehene nicht.
Du bist dagegen und blockierst dich. Mach etwas Gutes, und du fühlst dich gut. Dein Unterbewußtsein bringt dir immer mehr Gutes, was du tun kannst.

28. Februar

Die Schlange ist für mich das Symbol der Ausgeglichenheit, der Zufriedenheit, der Harmonie. Sie symbolisiert mir auch die Schwingungen des Lebens, der Natur, der Natürlichkeit und der bewußten Erkenntnis des Allzusammengehörens. Sie ist mir das Symbol für Weisheit. Sie macht darauf aufmerksam, daß es Tag und Nacht, heiß und kalt, oben und unten gibt. So ist positiv und negativ für mich leichter zu empfinden. Beides gibt es: Das Paradies und die Hölle. Im Paradies leben wir, und die Hölle machen wir uns selbst.
Es gilt nicht, himmelhoch jauchzend oder zu Tode betrübt zu sein. Es gilt, die Ausgewogenheit der Natur ganz natürlich zu erleben. Denn nichts ist wirklich so wichtig, wie die Erkenntnis des eigenen bewußten Seins in Harmonie mit sich und seiner Umwelt, mit seinen Mitmenschen. Alles und jeder ist wie man selbst: innen und außen bunt und unterschiedlich schön.

29. Februar

Jeder Tag, an dem wir erwachen, kann bewußtwerdend erlebt werden — wenn wir es so wollen.
Was machten wir in der Vergangenheit falsch? Nichts — denn wir machten es so, wie es unserem Erkenntnisstand entsprach, und daran ist im Nachhinein nichts zu ändern.
Mit jeder neuen, besseren Erkenntnis jedoch, über die wir uns freuen sollten, gestalten wir unser Tun einfacher, besser, erfolgreicher und harmonischer.
Bewußtwerdung ist unser Lebensziel zu einem Leben im Miteinander in Freiheit.
Jeder Tag ist in diesem Buch mit einem Gedanken zur Auslegung eigenen Erkennens beschrieben. Der Fantasie sind keine Grenzen gesetzt. Jeder Mensch ist frei zu denken, was er will, und in der Lage, sich zu entwickeln, sich zu entdecken — sein ICH zu finden.

1. März

Ich will glücklich sein. Das kann ich nur dann, wenn ich mich nicht mit dem Unglück anderer beschäftige, denn das mache ich nicht ungeschehen. Wenn ich mich damit identifiziere, ändere ich nur mich. Denn dann habe ich Angst. Angst davor, daß es mir auch passieren könnte.
Also: Ich will glücklich sein!

2. März

In der U-Bahn.
Sie saßen mir schräg gegenüber: zwei junge Frauen, dick eingemummt, denn es war sehr kalt draußen. Die eine hatte sogar ihren Schal vor dem Mund und eine Brille auf, die sie niedlich und hübsch ausschauen ließ. Beide strickten, unterhielten sich angeregt und lachten. Was sie da aus Wollknäulen zustande brachten, war geschmackvoll, mit Mustern, die mir gefielen, in ansprechenden, leuchtenden Farben. Es paßte zu ihnen, ein Spiegelbild ihres Geschmacks.
Ich konnte ihr Gespräch nicht verstehen, mußte sie aber immer wieder anschauen. Mir gefiel diese Frische, die sie repräsentierten. Bis auf einen Ausspruch, den Teil eines Satzes, den die mit der Brille etwas lauter gesagt hatte. Ich hörte, "das kotzt mich echt an!" Dieser Ausspruch brachte mir ins Bewußtsein, daß das, was da Ungutes gemeint war, ihr Außen blieb. Sie hatte es nicht in sich hineingelassen, sich nicht damit belastet. Es war da, wurde als Tatsache akzeptiert, aber nicht aufgenommen. Sie lachte, sie hatte den richtigen Weg — den der Freiheit.

3. März

Überleg doch mal, was dir heute alles gefiel, was dir Spaß und Freude bereitet hat, was du genossen hast. Das ist dein Leben, das lebtest du. Alles andere bist nicht du, warst nicht du und wirst es auch nie sein.

Ganz ruhig und harmonisch wirst du bei diesen Betrachtungen, und viel weniger ist jetzt noch für dich wichtig. Was hast du Gutes getan, worüber du dich freutest? Auch das bist du.
Wie oft war dir unwohl, und du sagtest dir, das bin nicht ich, ich will es nicht, und meintest deine negativen Gedanken, die dann verschwanden, weil du Herr über sie wurdest. Nutze deine Macht über deine Gedanken, dann wird dein Leben reicher und ausgefüllter, und du kannst abends immer mehr an Gutem verbuchen. Du lebst, erlebst immer mehr, immer mehr dich.

4. März

Was ich hübsch finde, ist doch nur für mich. Wenn es dir auch gefällt, haben wir Übereinstimmung. Wenn nicht, laß doch mein Hübsches für mich hübsch bleiben. Zerstöre es mir nicht, denn das bin ich — ja ich. So bin ich, und so ist es.
So ist es doch auch umgekehrt: Du bist nur du, wenn du dich hübsch findest und das tust, was du für richtig hältst. Die Freiheit lasse ich dir, völlige und absolute Freiheit im Denken und Handeln. Harmonie ist Freilassen nach beiden Seiten. Viel Zeit steht uns zur Verfügung, uns über uns selbst zu freuen. Wir fühlen uns wohl dabei, daß es der Partner merkt. Dann schwappt die Freude über, dann ist Harmonie und Freiheit im Denken und Handeln.

5. März

Ich halte nichts von Mystik, Scharlatanen und Heilern. Ebensowenig halte ich von Zweiflern, denn sie wollen das, was sie nicht begreifen können, zerstören. Was sie nicht haben, soll auch kein anderer haben. Der einzige, der mich heilen kann, wenn etwas was zu heilen wäre, bin ich einzig und allein mit allen unendlichen Kräften meines Unterbewußtseins. Da ich mir dessen bewußt bin und darauf vertraue, bin ich auch vollkommen heil und gesund, denn das ist Gottes Wille.

So habe ich nicht immer gedacht, ich war mir dessen nicht immer bewußt.
Jetzt aber bin ich es! Ich bin — das fühlt sich gut.
Ich lebe — das ist tatsächlich.
Ich will gut leben, danach strebe ich, so wird es geschehen.
Sag nichts!
Nimm dir, was du meinst, gebrauchen zu können, für dich! Empfinde du deine Gefühle, gib sie weiter und sei glücklich mit dir. Fühle in dich hinein, komm zu dir. Du bist es, du lebst, sei bewußt! Laß auch mich leben, mit dir zusammenleben. Wir akzeptieren, tolerieren bis hin zur Harmonie.

6. März

Reinige dich! Dein Haus ist sauber. Du putzt und räumst, alles ist gepflegt. Das kann jeder sehen. Auch du bist modisch, gepflegt, riechst gut. Da kann jeder kommen, er wird sehen, es ist bei dir sauber und gepflegt.
Und du — in dir. Wie siehst du dich? Hast du in dich geschaut, dich umgesehen, sauber aufgeräumt, übersichtlich, auffindbar, was du brauchst, griffbereit, funktionsfähig und ohne Rumpelecken, in denen etwas herumliegt, was du nicht brauchst? Reinige dich doch mal, entrümple dich, ordne auch in den Schränken in dir, entkalke den Wasserstein deiner Kaffeemaschine in dir! Öle die knarrende Tür in dir! Fege, sauge, putze, pflege dich in dir!
Nun nicht gleich alles auf einmal, so wie ein großer Frühjahrsputz, sondern immer mit Geduld und Ruhe, dann wirst du nicht überanstrengt. Du weißt dann auch viel besser in deiner Ordnung, wo du was hingelegt hast, wenn du es brauchst. Lüfte dich, hol tief Luft! Du wirst frei atmen. Die Luft ist dir Genuß, frische Luft erwärmt sich schnell. Hol mal tief Luft! Schau in dich! Wie gesund und gut, sauber, rein und frisch du ausschaust.
Fantastisch — ja, das bist du.
Bleib sauber!

7. März

Ein Baby! Sie fragte, wie alt. Drei Monate. Wie süß, wie niedlich und dann — ach, wenn das arme Kind wüßte, was ihm noch alles bevorsteht.
Ihr Leben mit dem eines drei Monate alten Babys zu vergleichen, zu orakeln, schwarz zu sehen, negatives Geschehen in der Zukunft zu vermuten, das ist, so meine ich, eine grobe Entgleisung eines älteren Menschen gegenüber einem Baby. Die Dame machte einen sogenannten gebildeten Eindruck, war wohlhabend. Aber die Gespräche anschließend an ihrem Tisch, an dem sie zu dritt saßen, drehten sich nur um andere Leute, Kontinente, Geschehnisse. Nur darüber, was die bzw. dort alles falsch gemacht würde. Nichts Positives, nur Negatives wurde dort besprochen. Deshalb also diese Voraussage an die Zukunft.
Es ist ganz eigenartig: Immer sind die anderen schlecht, nur nicht sie selbst. Jungen aber wollen sie immer Beispiel sein und schreiben ihnen vor, wie sie sich zu benehmen und zu verhalten haben, damit denen nicht das passiert, was ihnen widerfahren ist in ihrem Leben, in dem sie ja so oft gescheitert sind. Paradox.
Das Leben leben, sich selbst leben, die anderen leben lassen! Das ist es, was man kann, wenn man dazu bereit ist. Vorbilder verlassen das eigene Ich. Freiheit, Liebe, Harmonie ist wahres Gefühl für sich und andere.

8. März

Der Sündenfall ist das, was der eine machte, weil er dem anderen gefallen wollte, der es von ihm verlangte, erwartete. Damit gab er sich selbst auf. So wurde dann wechselseitig das aufgegeben, was Freiheit, Leben und Harmonie ist.
Das Unwohlsein hat darin seinen Ursprung. Es ist heute ein fester Bestandteil, der hartnäckig verteidigt, bekämpft, verleugnet, verehrt, bemitleidet, empfunden wird. Die Schuld wird verteilt an die ande-

ren. Der Kampf um das goldene Kalb wird fortwährend geführt. Leben? Harmonisch miteinander oder auf Kosten anderer?

9. März

Was wir als "Tod" bezeichnen und verstehen, gibt es nicht, denn wir sind ewig. Wir sind Energie. Wir sind aus dem Licht geboren und zu ihm strebt unser Weg, wie der allen Seins. Der wirkliche und reale Tod ist die Bewußtlosigkeit und ist ohne Bewußtsein leben, Augen, Ohren, alle Sinne zu verschließen vor den realen Tatsachen des Positiven.
Das Einfache ist so schwer zu verstehen, weil es nicht begreiflich ist, sondern empfindend fühlsam. Es gehört viel Mut dazu, Gefühl zu haben, Angst und Tod zu überwinden.
Sein wahres ICH zeigen, das ist so einfach.

10. März

Nur der, der stets das tat, was vollkommen ist, woran absolut nichts verbesserbar ist, muß unbedingt weitermachen wie bisher.
Ich möchte ihn gern kennenlernen, um von ihm zu lernen.

11. März

Keine Philosophie stimmt außer der eigenen, der selbst empfundenen Wahrheit für sich selbst. Man kann übernehmen, was man selbst auch empfindet, und es sich dadurch zu eigen machen.
Man muß jedoch nicht glauben, daß die Philosophie eines anderen Vorbild ist, denn die präsentiert ihn. Man ist ja sich und niemand anderem verpflichtet. Weil man selbst frei sein möchte, läßt man frei sein.

12. März

Sie sagte: Wenn ich nichts zu suchen hätte, dann würde mir etwas fehlen. Such, so wirst du finden, sagt man. Ich sage: Such nicht, dann hast du Zeit zu finden, denn dann findest du empfindend. Aus der Zeit, die du hast, in der du nicht suchst, wirst du finden, und häufig ist es das, was du meintest, suchen zu müssen.

13. März

"Du redest zwar Unsinn, aber", so sagte er, "es hat mir geholfen. Ich weiß nicht wie, aber ich schlafe nach Jahren wieder schmerzfrei und das Kissen, welches ich sonst durchgeschwitzt hatte, bleibt jetzt trocken. Aber mein Rheuma hast du noch nicht weggebracht."
"Glaubst du daran, daß ich dein Rheuma wegbringen kann", fragte ich zurück.
"Nein, das bezweifel ich, das glaube ich nicht."
"Glaubst du denn daran, daß du selbst dein Rheuma wegbekommen kannst?" ,,Nein", sagte er.
"Dann wirst du damit leben", so hab ich ihm gesagt, "mit deinen Zweifeln und mit deinem Rheuma. Denn nur wer fest daran glaubt, daß es möglich ist, dem wird auch so geschehen.
Der Glaube macht Gesunde krank, der Glaube macht Kranke gesund. Es ist das, woran du glaubst, denn beides ist da: das Gute und das Böse. Deine Gedanken bestimmen deinen Glauben und dein dich betreffendes Geschehen. Und so fühlst du dich dann auch."

14. März

Wir sprachen über uns, waren sicher und harmonisch, freuten uns über soviel Gemeinsames, das wir entdeckten. Dann verließen wir uns, unser ich und sprachen über andere und deren Probleme und die Probleme, die wir mit ihnen hatten. Wie sie sich gefälligst einzuordnen hätten, damit sie uns keine Probleme mehr machten.

Wir wurden dabei immer mehr sie. Wir wurden immer ernster, trauriger, gereizter, wütender und ereiferten uns so sehr darüber, daß es jeder von uns noch schlimmer machte. Aber wir änderten nichts, absolut nichts an den Problemen, nur uns. Die Stimmung, die gute Laune war dahin. Es war vorher so schön, als wir wir waren und von uns erzählten. Da war doch Sicherheit, Vertrauen, Harmonie und Wärme, verstehen und verstanden werden.
Ich weiß, wir werden wieder miteinander srechen. Ob wir dann gelernt haben und das gelernte Gute nicht vergessen. Es geschehen auch Wunder, wie wundervoll. Wir werden ja sehen.

15. März

Zweifel, Unsicherheit, Angst, Panik und Krankheit: keiner will sie haben, auch du nicht. Du nicht von den anderen und sie nicht von dir. Dennoch breiten sie sich aus von Zeit zu Zeit und auch in dir, wenn du sie annimmst von den anderen. Wenn du sie hineinläßt in dich, obwohl sie nicht dein sind.
Schuld sind dann die anderen, sagst du. Aber nein, du hast sie gelassen, hast dich damit befaßt, mit Dingen, die nicht dein sind und die dann dich beherrschen, da du dich beherrschen läßt. Sie sind vorhanden, und du bringst sie nicht weg. Nur dich selbst bringst du damit weg. Weg von Dir.
Wenn du sie nicht willst, dann laß sie einfach stehen! Du hältst nichts mehr fest, was nicht dein ist und was du nicht willst, weil das nicht du bist. Nur du bist dein Herr, für dich und nicht für andere. Die anderen sind, jeder für sich, auch ein Ich. Und du bist das deine.

16. März

Der Sinn des Lebens ist,
daß ich mein Leben lebe,
daß du dein Leben lebst.
Genießend und bewußt!

17. März

Tränen leben. Nichts im Leben ist wertvoller als Tränen: Tränen der Freude, Tränen des Leides. Nichts ist wertvoller, süßer, klarer, natürlicher, empfindlicher, reiner, ehrlicher als Tränen. Keine Perle ist wertvoller, kein Diamant klarer, kein Wein süßer als Tränen der Freude. Nichts ist empfindender als die Tränen des Leids. Denn sie heben dich in deinen Stand deiner Erkenntnis, und jedes Erkennen ist Erleuchtung.

18. März

Du stiehlst nicht dem Herrgott die Zeit, wenn du dir Ruhe und Besinnung gönnst. Nein, du gibst sie ihm. Du nimmst dir nicht die Zeit, du gibst sie dir. Du schlägst die Zeit nicht tot, du erweckst sie in dir zum Leben.
Denn die Zeit ist ewig — ist Leben. Hektik läßt die Zeit vergessen und dich vergessen. Ruhe läßt sie bewußt werden und dich deiner bewußt werden.

19. März

Lob und Liebe braucht der Mensch zum Leben, auch du. Du kannst damit rechnen, daß du, ohne daß es ausgesprochen wird, gelobt und geliebt wirst — von den anderen. Erwarte nicht, daß man es dir sagt! Die anderen sind wie du, aber bei dir fängt es an. Empfinde dich, lobe und liebe dich!
Sei wie du willst, dann bist du!

20. März

Positives Denken und Handeln
ist der realistische Umgang mit Tatsächlichkeiten,
ist bewußt leben und leben lassen,
ist der Genuß des Seins,
ist Aktivierung der innewohnenden Kraft, ist Gesundheit,
Freiheit und Lebensfreude.

21. März

Es wird mir nicht gelingen, die Menschen zu ändern, denn das kann nur jeder selbst. Sich selbst kann jeder ändern.
Es ist mir aber möglich, die Menschen auf sich aufmerksam zu machen. Darin sehe ich meine Aufgabe, der ich mich widme mit meinem ganzen Herzen, weil ich weiß und weil ich fühle wie sie. Denn ich bin ein Mensch wie sie, und deshalb weiß ich und deshalb fühle ich wie sie.
Es werden mehr und mehr, die anfangen, sich zu fühlen, sich zu ändern, ihres Gefühles wegen. Erst dann, wenn sie sich selbst fühlen, dann fühlen sie auch die anderen.

22. März

Die richtigen Antworten kommen stets aus der Ruhe, die man in sich hat. Deshalb dauern gute Antworten manchmal länger.
Die dümmsten Antworten kommen vielfach jedoch sofort.
Genauso ist es mit den Fragen.

23. März

Du bist traurig? Es sind nur deine Gedanken, die dich Traurigkeit spüren lassen. In dir ist die Freude. Denke so, dann bist du froh und glücklich. Du lebst. Du bist.
Löse dich von Gedanken, die nichts mit dir zu tun haben, denn der Anlaß ist doch außen. Es sind die anderen, die nicht so sind wie du es gern hättest. Darüber bist du traurig, nicht über dich. Du bist gut. Darüber solltest du dich freuen!

24. März

Stell dir das Gute vor, wie einen Stadtbus. Du kannst zusteigen, umsteigen, aussteigen an der Station, die dich zu deinem Ziel bringt. Du bist nie allein, der Fahrer ist dein Unterbewußtsein.
Das Ziel wählst du.

25. März

Traurigkeit ist ein Gefühl der Abhängigkeit, der persönlichen Unfreiheit, der nicht erfüllten Erwartung. Ich bin nicht frei davon, noch nicht. Ich gebe zu, daß ich traurig bin.
Schuld daran bin ich, weil ich erwartete, daß man mir die Beachtung schenkt, die ich als Mensch verdiene. Ich habe sie nicht erhalten, aber ich habe es überlebt. Ich lebe. Jetzt ist es hinter mir, ich ließ es nicht in mich hinein. Hinter mir, immer weiter hinter mir und immer weiter weg von mir ist es. Es hat mich nur berührt.
Die Tränen sind klar und rein wie die Erkenntnis.

26. März

Bitte, sag mal nicht, was du denkst, sag, was du fühlst, was du empfindest! Bitte hör mal, ohne zu denken, hör fühlend, empfindend! Du wirst dich finden, fühlend, empfindend.
Denn alle Zufriedenheit ist in dir. Dann wirst du verstehen, was ich sage, was ich schreibe, fühlend und empfindend verstehen.
Dann bist du frei,
dann bin ich frei,
dann sind wir frei in Harmonie.

27. März

Schrei nach Liebe, und man wird sich die Ohren zuhalten. Winsel nach Liebe, und man wird sich von dir abdrehen und sich über dich wundern.
Du kannst die Liebe nicht empfangen, obwohl sie ständig in dir ist.
Du fühlst sie nicht, weil du suchst und schreist und winselst. Du hörst ganz einfach nicht dich selbst.
Was da schreit und winselt ist deine Seele. Sie schreit "liebe mich", und du hörst sie nicht. Sie meint dich, und du meinst die anderen.

28. März

Die Flamme der Kerze ist das Spiegelbild deiner Seele. Zünde sie an und denke diesen Gedanken, während du in die Flamme schaust, weiter. An deiner Flamme können sich viele zur Flamme entzünden. Bei dir können sich viele Feuer holen.

29. März

Du bist nicht andere und kannst ihnen auch nicht helfen. Helfen kann sich jeder nur selbst. Wie du dir hilfst, kannst du ihnen sagen, damit sie erkennen, wie sie sich selbst helfen können, wenn sie wollen.

30. März

Nur ein Lächeln genügt, um sich als Mitmensch zu präsentieren. Es zeigt das Innerste, ist unverbindlich und doch so wohltuend wärmend.
Es zeigt, daß man nicht allein ist.
Danke für das Lächeln!

31. März

Du hast nur einen Gott und viele Mitmenschen. Es ist einfacher, auf den einen zu hören, denn von den vielen kommen viele Wahrheiten. Alle sind wir äußerlich, Gott aber ist immer in dir.

1. April

"Bist du glücklich?"
"Ja", sagte sie.
"Wie schön für dich — wie schön für mich. Ich lebe gern mit glücklichen Menschen zusammen, denn unser Weg ist dann ein unbeschwerlicher. "U n s e r Weg deshalb — weil es auch meiner ist."

2. April

Sie sagte zu mir: "Du bist ein ganz einsamer, trauriger und bemitleidenswerter Mensch", als ich ihr einige meiner Geschichten vorgelesen hatte.
Sie hatte ihr Ich verlassen und meinte, mein Ich zu sein; meinte, mich zu fühlen. Wenn sie jedoch sie selbst geblieben wäre, dann hätte sie empfindend sich verstanden. So hatte sie recht damit. Ich bin einsam, weil ich ich bin und mit Menschen spreche, die nicht sie selbst sind. Ich spreche mit Menschen, die ihre Identität verlassen haben und in die Identität des anderen schlüpften. Ich möchte gern mit Menschen sprechen, die sicher sie selbst sind und über sich Bescheid wissen. Ihre Sicherheit ist das, woraus ich im Gespräch hinzulernen kann.
Was sie nicht weiß: Ich bin glücklich — glücklich mit mir. Ich lebe mich, ich erlebe mich, ich fühle mich. Und das ist so wohltuend, so harmonisch, so gesund. Es ist die reinste Natur, denn ich bin natürlich ich.
Und sie? Sie hörte, was sie hören wollte.

3. April

Ich wundere mich. Was in mir steckt — was ich gar nicht wußte —, das ist viel, viel mehr noch, als ich dachte: eine Schatztruhe.

Komm und bediene dich! Ich habe im Überfluß, was ich bisher nicht wußte. Du glaubst es nicht? Schau mich an — in meine Augen! Du glaubst, ganz arm zu sein. Schau einmal in dich hinein. Du bist viel reicher noch als ich.

4. April

Mächtig sind wir alle, nur uns dessen nicht bewußt. So wird Mißbrauch getrieben von denen, die sich mächtig wähnen, indem sie andere niedermachen, weil die ohnmächtig sind. Das ist möglich deswegen, weil die Ohnmächtigen ohne Bewußtsein sind, leben, ohne sich bewußt zu sein. Sie befinden sich im Koma, leben nicht, sind nicht. Wenn sich aber jeder bewußt wird, daß das Unterbewußtsein Gott ist, also jeder sein eigener Gott ist, dann werden wir auch respektieren, akzeptieren, tolerieren, daß Freiheit, Liebe und Harmonie eins sind.
Dann erkennen wir unsere Möglichkeit.

5. April

Alles, was geschah, war zu dem Zeitpunkt richtig, als es geschah. Tatsache, die nicht rückgängig gemacht werden konnte. Wenn danach eine neue, bessere Erkenntnis bewußt wurde, löst sie das ab, was vorher richtig war. Es zählt also immer die Erkenntnis.
So wird das Bewußtsein erweitert. Wir leben, erleben jeden Tag, um unser Bewußtsein zu erweitern, um bewußt zu sein. Nichts war falsch. Es war fehlerhaft, es fehlte das erweiterte Bewußtsein. Es entsprach dem Erkenntnisstand.
Schadhaft ist es, wenn etwas bewußt getan wird, was anderen zum Nachteil ist, wenn etwas zum eigenen Vorteil auf Kosten anderer getan wird.

6. April

Gott befohlen heißt, daß man sein Unterbewußtsein um die Lösung einer Frage gebeten hat. Das Unterbewußtsein beantwortet einem jede Frage, erfüllt jeden realisierbaren Wunsch. Ungeduld und Zweifel zerstören. In Ruhe kommt die Antwort, früher oder später. Ganz einfach ist es dann.

7. April

Morgen ist heute gestern. Wenn wir es genießen, dann wird es eine gute Erkenntnis sein und keine Angst vor dem Genuß. Denn wir sind am Leben, um es zu genießen, um es zu leben, wie es ist. Jeden Tag besser und bewußter, jeden Tag um einige Erkenntnisse reicher: reicher an Erfahrung, reicher an Weisheit, reicher an innerer Ruhe und Besinnlichkeit, aus der so viel Neues und Gutes geschaffen werden kann, wenn wir ohne Angst darangehen und beginnen. Denn es lohnt sich, Neues zu beginnen, weil nur dadurch der Fortschritt und Bequemlichkeit für den Menschen möglich sind.
Angst hemmt und hindert. So viel könnte getan werden, wenn der Mut dazu bestünde, ohne Angst, ganz einfach so zu handeln und zu tun, wie es einem als richtig erscheint, wenn man auf sich selbst vertraut. Denn das ist es, was das Tun inspiriert. Das ist Fortschritt, an dem wir alle teilhaben. Wir sind aufgefordert mitzumachen.
Es schlummern viele gute Gedanken, die nicht verwirklicht werden, weil Feigheit, Zweifel, Minderwertigkeitsgefühl und Angst daran hindern. Kein Ergebnis ist endgültig, alles ist verbesserbar und so können wir damit rechnen, daß es morgen, nächstes Jahr oder wann auch immer möglich ist, daß es noch besser, noch bequemer für uns Menschen sein wird, wenn wir dazu bereit sind, gelten zu lassen, was ist, und nicht dauernd zweifeln und damit zerstören.
Zerstören sollte man nur das, was nicht mehr gebraucht wird. Es gilt also, es immer besser zu machen zum Wohle der Menschen. Also mach! Keine Angst. Es wird immer besser — auch durch dich.

8. April

Zum wirklichen, bewußten Leben ist es nie zu spät. Beginnen wir einfach jetzt damit! Beginnen wir damit, uns frei sein zu lassen, dann haben wir das, was wir ersehnten: Frieden, Verständnis, Ruhe, Harmonie, Liebe. Dann finden wir auch unseren inneren Reichtum, unseren Gott und können ihn hören, spüren und sehen, überall um uns herum und in unseren Herzen, die dann geöffnet sind. Dann sind wir strahlend und leben.

9. April

Das ganze Tun eines positiven Egoisten ist darauf ausgerichtet, alles so gut wie möglich zu machen und freibleibend und unverbindlich anzubieten, damit man zu ihm kommt und nimmt. Davon lebt er, das ist sein Profit, der ihm zusteht.
Der negative Egoist hingegen ist stets als erstes auf seinen Profit bedacht, und er verschließt sowohl sein Tun, als auch seine Unverbindlichkeit. Ihm kommt es auf Kampf und Wettbewerb an, den er nur dann gewinnen kann, wenn er wenig gibt und viel bekommt. Er verdrängt die anderen — nur dann kann er leben, so meint er — und schadet dabei nur sich selbst.

10. April

Es gibt Menschen, die sehen sich selbst und all das Schöne um sich herum nicht. Sie sind blind, taub, stumm und gefühllos, sie sehen nur die anderen und das, was schlecht ist. Sie sind taub, weil sie sich selbst nicht hören, sondern die anderen. Sie sind stumm, weil sie sich selbst nicht sprechen, sondern die anderen. Sie grübeln, wie das alles an den anderen zu ändern wäre, um sich selbst wohlfühlen zu können.
Sie möchten zwar gern sie selbst sein, aber sie sind die anderen. Sie reiben sich auf in der Rolle der anderen, die sie spielen. Sie hören sich nicht, sie messen alles, vergleichend mit den anderen, und fühlen sich nicht gut, nur besser als die anderen.

Ich sehe mich, ich höre mich, ich spreche mich, ich fühle mich. Freibleibend und frei sein lassend in Harmonie mit mir und den anderen sehe, höre, spreche und fühle ich die anderen und lebe mich und mit den anderen.

11. April

Sei der, dessen Namen du trägst! Mach ihm alle Ehre, die ihm gebührt! Du wirst nie ein anderer sein, auch dann nicht, wenn du meinst, es wäre für dich schön, ein anderer zu sein, einer, von dem du glaubst, er sei besser als du.
Verwechsele dich nicht, denn nichts auf dieser Welt ist so einmalig gut wie du. Du meinst, der, den du für nachahmenswert hälst, der dein Idol ist, sei besser als du. Denn er hat ja mehr: Erfolg, Geld, Glück, Hab und Gut. Das mag dir so erscheinen, denn du siehst das Äußere. Innen aber ist er genau wie du: ein Mensch. Er hat wie du Gefühle. Möglicherweise möchte er gern tauschen mit dir, um endlich frei leben zu können.
Bitte, überleg einmal, ist es das Leben eines anderen, welches du führen möchtest? Du lebst in Sicherheit, Ruhe, Freude und Harmonie mit dir. Dich kennst du, du weißt, was du hast und kannst. Dir stehen alle Möglichkeiten deiner freien Entfaltung offen.
Ein anderer, als der, der du bist, wirst du nie sein. Sei gewiß! Sei du! Darin liegt dein Glück — darin liegt deine Sicherheit.

12. April

Will ich, weil ich mich selbst nicht sehe, den anderen deswegen ändern, um mich selbst durch ihn zu präsentieren, um dann zu sagen, seht her — mein Werk, das hab ich geschaffen, das bin ich.
Es wird mir nicht gelingen. Denn immer bleibe ich ich, und ich bin gewiß, daß der andere für sich ein Ich ist. Dann sehe ich den Spiegel in ihm und sehe mich, in Freiheit und Harmonie.

13. April

Wer neidvoll versucht, besser zu sein, der wird nicht annehmen, was ihm geboten wird, weil er es nicht sieht. Sein Blick ist nur darauf gerichtet, besser zu sein, und so lauert er auf den Beweis der Unvollkommenheit in Starre und behindert sich selbst an seinem Fortschritt. Er schafft schließlich nichts weiter als eine sich vergrößernde Kluft, statt Nähe, Wärme, Harmonie und Freiheit.
Er ist von sich selbst gefesselt und unfähig, zu lieben. Er ist abhängig von negativen Feststellungen, die ihn dann nicht erfreuen, sondern behindern. Weil sein Verhalten beachtet wird, ist er bemüht, sich nicht erkennen zu lassen. So belügt er sich selbst um den wahren Genuß des Lebens.

14. April

Fühlst du dich mir verbunden, dann bist du unfrei und nicht du selbst. Denn Liebe heißt annehmen. Nur dann, wenn gebrachte Liebe angenommen wird, ist sie vollkommen. Einseitige Liebe ist halbe Liebe, die unbeachtet, unbedacht verkümmert, vertrocknet, um schließlich nicht mehr zu sein.
Liebe ist also Einswerdung und nicht Einsamkeit — die ist nämlich eine Hälfte nur von beiden, die dann verkümmert.

15. April

Du hast gesagt, was du erkanntest. Statt dich dafür zu loben, hat man dir gesagt: "Na siehste, ich hab es dir immer gesagt — das ist die Wahrheit, die gelehrt wird." Man hat jedoch nicht daran gedacht, daß du es warst, der das erkannte, und wie wichtig es dir ist.
Zu Anfang ist es so, daß du nicht weißt, daß die Wahrheit ewig ist und daß das Lob in dir ist und dich stärkt.

16. April

Du wirst der sein, den du verspottest. Du wirst der sein, den du verachtest. Du wirst der sein, vor dem du dich fürchtest.
All das, womit du dich identifizierst, woran du festhältst, was du nicht lassen kannst, was du nicht akzeptieren kannst: Das wirst du sein, um es zu erfahren.
Wachsen kannst nur du!

17. April

Du nimmst dir viel vor und schaffst nur wenig und bist enttäuscht.
Du nimmst dir wenig vor und schaffst es spielend und bist dann froh.
Das ist viel und wird dann immer mehr und nichts ist da, was dich belastet.

18. April

Der Mensch ist selbst sein größter Divisor: Alles will er teilen mit jedem und mit allem. Er ist geradezu süchtig danach — so süchtig, daß er nicht merkt, daß er bei jeder Teilung selbst nur noch zur Hälfte verbleibt und oft schon gar nicht mehr ist.
Wer sich besinnt, auf sich besinnt, der wird erkennen, daß es besser ist, wenn er nehmen läßt, denn dann bleibt er und ist.

19. April

Es gibt keine gute alte Zeit, es gibt die gute Zeit, die man lebt, und zwar ganz bewußt: Das ist die Zeit jetzt.

Das zu genießen, was uns jetzt geboten wird, was uns zur Verfügung steht, das ist unsere gute Zeit, in der wir leben.
Alte, gute Zeiten, denen wir Gewicht geben, sind überholt, waren gut zu ihrer Zeit. Ihr nachzutrauern, heißt, heute nicht zu genießen, und zwar das zu genießen, was uns an Schönem geboten wird.
Stets wird es besser, einfacher, bequemer, angenehmer und lebenswerter, als es jemals zuvor war. Man braucht nur das Paradies erkennen, in dem wir leben, und dann darin, sich wohlfühlend leben.

20. April

So, wie du mich siehst, so bin ich für dich.
Und mir selbst bin ich ich —
nicht mehr als du,
nicht weniger.
Denn wenn du erkennst, dann bin ich du.

21. April

Vierzehn Kollegen sind sie in der Firma, und drei davon mögen ihn nicht. Sie sind nicht nett, sondern garstig und gemein zu ihm. Völlig zu unrecht, denn er ist gut — er weiß es und elf andere dort auch. Er ärgert sich und möchte gern, daß die letzten drei ihn auch mögen. So verhält er sich nett und zuvorkommend ihnen gegenüber, aber die wollen nicht. Keine schöne Atmosphäre also.
Er geht immer wieder dagegen an und merkt nicht, daß jedes Gegenangehen gegen ihn selbst ist. Er fühlt sich nicht wohl, er leidet. Dabei wäre es so leicht. Er braucht doch nur für sich selbst sein und die drei nicht in sich aufnehmen. Schon hätte er Zeit für sich und seine guten Gedanken. Zeit, sich mit dem zu beschäftigen, was ihm Freude macht und was ihn gesund sein läßt. Dann würde er auch die positiven Dinge, die an den drei anderen sind, empfindend bemerken. Wenn er diese positiven Dinge dann lobend erwähnt, wird sich auch das entsprechende Echo darauf einstellen.

Er könnte zum Beispiel sagen: Wir sind verschieden, weil sie mich nicht mögen — ich sie aber mag. Sie sind in der Minderheit, denn wenn ich mich und sie auch mag — und sie nur sich mögen — ist das Ergebnis also 2:1 für mich. Wer wen mag, entscheidet jeder für sich selbst. Man kann niemals von anderen verlangen, daß sie einen mögen sollen.
Wichtig ist es für das eigene Leben, daß man sich selbst mag und daß man sich selbst ist. Wenn man den anderen gerecht sein will, um ihnen zu gefallen, dann ist man nicht sich selbst und unsicher. Devot zu sein, enspricht nicht der gewünschten Wirkung und geht immer in die Abhängigkeit. Man ist davon abhängig, ob der andere es anerkennt, und das ist nicht oft der Fall. Es geht meistens daneben.
Jeder ist für sich ein Ich und nur dann frei, wenn er den anderen frei sein läßt. Dann sind alle unabhängig und in Harmonie.

22. April

Nicht etwa wer, sondern was sind sie, ist wichtig. Bezeichnend ist nicht der Mensch, sondern der Abstand zum Mitmenschen. Die damit verbundenen und anerzogenen Beziehungen sind klassifiziert und differenziert.
Ich glaube, daß alle innen gleich sind — "MENSCHEN" — und nur außen verschieden. Sie wollen sich unterscheiden, weil sie anders als Menschen erscheinen möchten.
Aber sie sind — wie ich bin.

23. April

Kommen und gehen ist himmlisch — sein ist irdisch. Das Paradies ist, das eigene Leben zu leben. Die Hölle ist, bewußtlos all das zu leben, was andere erleben. Erleidend, wie selbstlos, was nicht dein ist und voller Grauen und Angst davor, daß es dir ergehen könnte, wie denen, die du bemitleidest — verachtest.

24. April

Wie klein und verdrossen du dich machst, voller Angst anders als natürlich du zu sein. Du hoffst, daß es niemand bemerkt. Du fühlst es und die anderen auch, aber sie sagen es nicht, um dir nicht weh zu tun. Sie mögen dich, weil sie sind, wie du bist, und von dir gesehen werden möchten, wie sie sind: beliebt, geliebt von dir.
Wie du ihr Gefühl für dich bezweifelst, so fühlen sie sich bezweifelt von dir.

25. April

Natürlich ist das Echo, das einen selbst bestätigt. Man kann zwar damit rechnen, erwarten sollte man es nicht. Wenn man keines erhält, kann es passieren, daß einem Zweifel kommen. Zweifel daran, es dem anderen nicht gerecht gemacht zu haben.
Dann hat man sich selbst verlassen. Aber gerade in der Selbstsicherheit — der Sicherheit, sich selbst zu sein — liegt doch die eigene Stärke, die so gewinnend ist und nicht immer sofort Applaus bekommt, weil doch auch das Denken, das Nachdenken seine Zeit braucht. Sei also geduldig und zufrieden mit dir!

26. April

Gedanken kommen, sie sind keinem aufzuzwingen, und keiner sollte sich Gedanken aufzwingen lassen. Allerdings sollte man Gedanken ansprechen und aussprechen lassen dürfen. Denn bei Gedankengleichheit entsteht Freude, und das ist Freiheit und Nähe und Harmonie — ist Vertrauen.

27. April

Selbstlos, kostenlos willst du es. Was tust du ohne dich selbst und ohne Geld? Wovon lebst du?
Was du selbst kannst, weißt du nicht, weil du dich bezweifelst. Aber daß du nicht bereit bist, für dich zu zahlen, das weißt du. Du zahlst, was du nicht und nirgendwo selbstlos und kostenlos erhältst.
Ideell, meinst du, sei das, was andere tun, um dir zu gefallen. Sie tun es, um dich bewußt zu machen, um dich mit dir bekannt zu machen. Du kannst es auch selbst — dann ist es kostenlos, aber nicht selbstlos, sondern selbst. Man sagt dir, was es kostet, und du sagst: Ja, ich will es!
Und was du willst, ist dein.

28. April

Hemmungen sind Unsicherheit, sind Angst vor Blamage, sind Folge der Kritik an anderen, die man so sehr fürchtet, wenn sie von anderen zurückkommt, sind Selbstzweifel, die so viel verhindern, was getan werden müßte, weil es gut ist.

29. April

Dein Ich ist doch für dich in Ordnung — erfreue dich dessen. Die Unordnung, die Verwahrlosung ist die Ordnung des anderen, die er für ordentlich hält und die ihn auszeichnet.
Laß ihm seine Persönlichkeit! Laß ihn leben in der Prägung, durch die er beherrscht wird und die er nicht lassen will!

30. April

Nutze die Bildersprache auch beim Zuhören, dann hörst du, was die Seele sagt und was der Verstand nicht mit Worten so klar ausdrücken kann. Das ist visualisieren. Du kannst es und tust es auch laufend. Nur werde dir dessen bewußt, es ist von großem Nutzen für dich.
Alles Gute, dessen du gewahr wirst, gib es weiter. Laß alle daran teilhaben, denn das ist für alle und dient dem Frieden, der Freiheit, der Nächstenliebe, Wohlstand, Gesundheit und, und, und! Denn es kommt darauf an, gut zu sein und nicht besser sein wollen. Wer besser sein will, ist ein negativer Egoist, der sich selbst abkapselt, um zu verdorren in seiner Habgier, und nichts wird ihm bleiben.

1. Mai

Sie trug so ziemlich alles, was sie erreicht hatte in ihrem bisherigen Leben, an ihrem Körper. Aufgedonnert, sagt der Volksmund — und nichts von dem paßte zu ihr. Sie war total überladen, dazu eine Goldrandsonnenbrille, hinter der sie nicht gesehen werden wollte. Sie war mit Gold und Diamanten regelrecht überladen und trug Leder vom feinsten.
Sie steuerte mit ihrer Mutter auf den Edelimbiß zu. Sie ca. Ende 40, ihre Mutter ca. 70. Champagner und Hummerkrabben war dann der Verzehr — am Mutterausführtag.
Mutter strich ihr ganz zärtlich über die Wange, eine einfache Frau ganz offensichtlich: Ein Staubmantel, die Handtasche, der Hut und ein wenig schiefe Schuhe. Sympathisch anzusehen und auch etwas schüchtern in ihrer Art. Sie schien sich dort nicht ganz so wohl zu fühlen an diesem Imbiß.
Ihre Tochter an der Seite ihrer Mutter machte nicht den glücklichen Eindruck, der doch sehr wichtig ist. Sie nahm einmal kurz ihre Sonnenbrille ab, um sich ihre Augen zu reiben, und da sah ich es: Ihr ganzes Leben, ihr ganzer Erfolg, den sie hatte, der war an ihren Augen abzulesen. Es paßte alles zusammen, absolut perfekt. Der ganze Aufstieg war zu erkennen. Nur so und nicht anders kann man sich präsentieren. Es war keinerlei Verkleidung. Es war das direkte Beispiel des Lebens, das mich so sehr beeindruckte.

2. Mai

Was ich nicht begreifen kann oder nicht kenne, ist deswegen nicht falsch. Wenn ich es akzeptiere, bleibe ich frei.

3. Mai

Du hast das und willst das Gegenteil. Sagst, daß du das, was du hast, nicht einfach loslassen kannst. Was willst du denn?
Nicht haben und nicht loslassen wollen, um das andere zu nehmen. Das muß doch in dir das, was du fühlst, nämlich Unwohlsein, hervorrufen. Entscheide dich für das, was du willst. Beende den Zustand der Unentschlossenheit und steh zu deinem Willen, zu dir. Akzeptiere, wenn du willst, das Schlechte, oder wenn du willst, das Gute. Aber halte nicht fest, was du nicht willst, und warte nicht darauf, daß das, was du wirklich willst, von allein kommt. Das ist krankmachend. In der Entscheidung für das eine oder andere liegt in Harmonie, deine Freiheit. Du willst das so. Sag nicht, daß du das nicht kannst. Du kannst es — kraft deiner Gedanken!

4. Mai

Da sagt doch einer, der studiert hat, glattweg ''Sie'' zum lieben Gott. Dazu kann ich nur sagen: ''Ach Du lieber Gott, auch das noch''. Ja, das gibt es. Er ist Chirurg, ein ganz prominenter, und mir sehr sympathisch. Ich maße mir nicht an, ihm seinen Ausspruch zu nehmen. Nur an diesem Punkt ist er nicht mit mir. Da bleibe ich gern bei mir. Ich mache nur bewußt, daß er oft mit ihm kontaktet hat und kontakten kann. Denn Gott ist in ihm das, was ihm so viel gelingen ließ.

5. Mai

Ich töte nicht gern, habe es aber getan und zum Teil dem Sterben zugesehen. Ohne Mitleid, nur so, um es zu sehen. Und zum Teil bestia-

lisch, ja bestialisch quälend. Als ich Kind war aus Neugier und dann später — na ja — dann eben ohne die Neugier. Getier, Fliegen, Frösche, Vögel, Ameisen, Käfer, Schmetterlinge, Mäuse, Mücken usw. mit Fallen, Sprays, Pulver, Kleber und später mit dem Auto überfahren.
Aber ein Töter bin ich nicht. Um zu essen, mich zu kleiden, lasse ich töten von Fachleuten, die es lernten. Die tun es berufsmäßig für mich und können sagen, daß sie es für die anderen tun.
So leben wir. Die Kette des Lebens hält und ist ganz natürlich. Sie ist die Natur, und es ist die Natur, zu leben. Alles, was wächst, ist Natur und hat seine Bestimmung, und was davon eßbar ist, das wird gegessen. Der Jäger nennt sich Heger, Pfleger, und er tötet, um zu erhalten. Wer aus humanen Gründen, also wegen des Tötens, vegetarisch ißt, der sollte eigentlich dann auch keine Lederschuhe tragen, barfuß gehen.
Überhaupt — alles, was verzehrt wird, lebte vorher. Die Tiere leben ebenso und so auch die Pflanzen. Ein jeder nach seiner Art.
Das ist die Natur der Bestimmung — das ist Natürlichkeit.

6. Mai

Du kannst die an dein Unterbewußtsein gestellte Frage ruhig und voller Vertrauen zwischendurch vergessen. Dein Unterbewußtsein arbeitet für dich daran und wird dir früher oder später die Antwort geben.
Du brauchst dann nur auf dich zu hören. Es ist wunderbar.
Es ist!

7. Mai

Zweifle nicht an dem Weg des anderen, denn jeder hat einen anderen Weg.
Das Ziel jedoch ist für jeden das gleiche.

8. Mai

Nicht alles glückt dir auf Anhieb. Es hängt aber nicht nur von dir ab, sondern auch von dem, dem du dein Bestes offerierst. Sein Geschmack ist anders. Er sieht z.B. nicht, daß du ehrlich bist, weil er selbst betrügt und nicht betrogen werden will. Deshalb wählt er genau das, womit er betrogen wird.
Finde dich nicht darin, überzeugen zu müssen. Laß ihm Zeit zu erkennen. Du hast so viele Bestätigungen von denen, die wie du denken, die sich bei dir, mit dir, wohlfühlen. Sei mit ihnen und schade dir nicht mit denen, die sich selbst schaden.

9. Mai

Die ideale Lebensform, die ich akzeptieren will, fand ich nicht auf dieser, unserer schönen Welt. Ich toleriere sie aber alle. Ideal und endgültig ist nichts für mich. Denn dann würde ich jede Entwicklung blockieren.
Ich stellte für mich fest, daß ich glücklich sein kann, wenn ich mit mir zufrieden bin — und jeder andere ein Recht darauf hat, zufrieden zu sein. Was der andere meint, daß es schön ist für ihn, das ist er, nicht ich.
Er ist sich — nicht ich.
So sind wir.
Jeder sich — "ICH".

10. Mai

Die Wanderung. Du wußtest es nicht. Du wirst immer mehr von deinem schweren Gepäck lassen. Bis hin zum Nötigsten, und das ist dann ein ganz kleines, leichtes Gepäck, in dem aber alles sein wird, was du wirklich brauchst.

Aufrecht und gerade wirst du gehen, mit ausgewogenen festen Schritten. Immer größere Strecken wirst du gehen, ohne zu ermüden. Zufrieden wirst du vor dem Einschlafen ganz bewußt den Tag passieren lassen und dich erfreuen an deinen Wahrnehmungen, deinen Erlebnissen, deinen Eindrücken, deiner Freiheit, und die Harmonie mit dir wird die Decke sein, die dich warm schlafen läßt.

11. Mai

Wenn du dem Glücklichsein abhängig hinterherrennst, wirst du es nicht finden. Denn es ist stets da, nur du siehst es nicht. So sagst du dir z.B.: Wenn ich das habe, dann bin ich glücklich. Und wenn du es dann hast, erfreut es dich, wenn überhaupt, nur kurz weil du dein Glücklichsein schon vorher abhängig machtest von einem nächsten Habenwollen.
Das zu erreichende Ziel ist doch nicht die Habgier, sondern das Glücklichsein — die Zufriedenheit also.

12. Mai

Wer soll dich erkennen, deine Gefühle, Gedanken, Empfindungen, dein Leid, das dich so unwohl sein läßt. Wer soll erkennen, daß du es gut meinst.
Du suchst, und um dich sind Leute, die suchen wie du, und du erkennst sie nicht, ihre Gefühle.
So seid ihr ein Kreis Suchender, Erwartender, Enttäuschter, die anderen ändern Wollender.

13. Mai

Die Bedeutung (negativ — positiv) gebe ich einer Tatsache mit meinen Gedanken. Die Zahl 13 ist eine Zahl und weiter nichts. Der Rest ist

Glaube, der sich wie alles, woran ich glaube, durch mein Unterbewußtsein verwirklichen wird.

14. Mai

Kritik ist anders Denken, aber nicht richtiger. Sie stößt mich nicht mehr ab. Ich akzeptiere sie — und mache! Und denke weiter.

15. Mai

Sei, wie du willst, dann bist du. Sowie du dich nach außen richtest, bist du nicht du, sondern außerhalb von dir.
Fürchtest du dich vor dir, vor deinem Inneren?
Laß dich frei — und auch die anderen! Sie sind wie du und ich — ein jeder. Zwinge nicht dich und keinen anderen. Sonst bist du gefangen und gefoltert von dir.
Frei willst du sein. Freunde und Freude willst du. Sei wie du willst!
Du bist!

16. Mai

Erkennst du dich,
erkennst du alle.
Du bist.
Sei!

17. Mai

Was tat ich mir an?
Jetzt aber bin ich frei und in Harmonie mit mir, mit meiner Umwelt, mit der Natur, zu der ich gehöre, zu der wir alle gehören.

18. Mai

Was du nicht glaubst, ist nicht dein. Bezweifle es aber nicht! Laß es einfach los! Dann kann dein Unterbewußtsein für dich frei arbeiten, und keine Belastung bedrückt dich.
Deine Harmonie bleibt erhalten.

19. Mai

Statt auf dich zu hören, fragst du, um die falsche Antwort zu erhalten. Darüber ärgerst du dich dann — und bist.
Ja, du bist.

20. Mai

Du willst sein wie die Masse. Das wirst du nie vollbringen. Denn jeder ist anders, und mit jedem hast du nur einiges gemeinsam. Eines mit allen: nämlich, daß du bist. Und der andere ist für sich auch ein Ich. Du bist unvergleichlich, er ist unvergleichlich. Dich kennst du, ihn schätzt du. Du wirst geschätzt und weißt, daß du von ihm falsch geschätzt wirst. So denkt auch er.

Schätze dich!
Wertschätze dich!
Erkenne dich!
Du bist nicht er.
Laß ihn!

21. Mai

Du kämpfst,
setzt dich durch
und verlierst
nur immer
mehr dich.

22. Mai

Du lachst über dich, über dein Empfinden: Das wäre ja lächerlich, zu empfinden.
Die große Masse, die dir nicht folgt, ist dir sehr wichtig. Zu ihr willst du gehören. So verhälst du dich angepaßt.
Doch du bist. Sei dir dessen bewußt!

23. Mai

Ach, würdest du mir empfindend zuhören, ich würde dir erzählen: von mir, von meinen Empfindungen, von meiner Liebe zu dir.
Ach, würdest du mir empfindend zuhören, dann könntest du hören und empfinden: dich!
Dann würdest du empfinden: Ich liebe dich.

24. Mai

Sie war völlig außer sich und konnte sich doch nicht in den anderen hineinversetzen. Das Thema war nicht ihres, es war seines. So ist es, daß manches Thema nicht allgemein diskutierbar ist, weil sonst der Sinn zur Sinnlosigkeit zerredet wird.
Es gibt eben Dinge, die man nur mit sich selbst ausmachen kann, und welche, für die man die Hilfe eines anderen braucht. Dann geht das nur diese beiden an, die es miteinander und jeder für sich ausmachen. Andere, die sich damit identifizieren wollen, belasten sich nur.

25. Mai

Wenn du dich schlecht fühlst, dann denkst du schlecht und hast persönlich nichts damit zu tun. Der Anlaß ist außerhalb von dir, und du änderst es nicht damit.
Laß es los!

26. Mai

Immer unsicherer wirst du, immer weniger bist du du selbst, wenn du versuchst, es anderen recht zu machen. Dennoch wird es dir nicht gelingen.
Du verlierst dich, und du wirst kein anderer.

27. Mai

Es kommt darauf an, daß du es machst, wenn du sagst, daß du es machst.

Das ist dein Vertrauen und das Vertrauen, das man dir entgegenbringt, das du verlangst, daß man es dir entgegenbringt.

28. Mai

Verlange kein Mitleid und lehne es ab! Denn Mitleid heißt, "mit leiden". Das breitet sich aus und vermehrt sich, ohne, daß du es bemerkst. Dein Leiden wird verstärkt und deine Genesung behindert. Es ist ein Teufelskreis. Gesund wirst du, wenn du daran denkst, daß du auf dem Wege der Gesundung bist. Denn all das, was du denkst, sind Befehle, die ausgeführt werden von deinem Unterbewußtsein.

29. Mai

Wir brauchen keine Rituale, keine merkwürdige Umgebung. Wir haben die Wirklichkeit.
Meine Arbeit ist Bewußtseinsarbeit. Ich mache Tatsachen bewußt.

30. Mai

Erfindungen und Erkenntnisse fangen immer als Traum an, im Geiste, als Fantasien. Laß sie zu! Die Antworten sind in dir. Sie kommen. Es ist machbar, was da kommt. Finde, erfinde! Du hast es in dir. Deine Träume werden wahr.
Verschließe dich nicht vor dir! Deine Talente sind noch nicht geahnt. Sie sind schlummernd vorhanden. Träume sie, fantasiere sie, realisiere sie.

31. Mai

Zufriedenheit ist nicht Import, sondern Export.
Sie geht nicht von außen in einen hinein, sondern strömt gewinnend aus einem heraus.

1. Juni

Recht ist das Gute und für jeden da. Jeder kann es haben und hat es, wenn er es findet, erkennt, anerkennt. Das hat nichts mit "na siehste, hab ich doch recht gehabt" zu tun. Denn "gehabt" wäre ja Vergangenheit und abgegeben.
Mit jedem, der das gleiche Recht hat, besteht also Einigkeit und darin sind wir in Freiheit, die Harmonie und Liebe ist.

2. Juni

Sie hatte ein "OZEANISCHES GEFÜHL". So beschrieb sie die Gewißheit der Sicherheit, wieder heil an Land zu kommen, als sie weit, eigentlich viel zu weit, draußen auf dem Meer schwamm. Sie beschrieb es so selbstverständlich und sagte, sie fühlte sich dazugehörig, geborgen, sicher getragen. Als ob sie das Meer selbst war in diesem Moment.
Sie wußte auch, sie würde wieder heil ans Ufer kommen. Sie war froh und frei über dieses Vertrauen, es war ihr "ozeanisch".
Dieses Gefühl kennen einige Menschen, denen gelingt, wovor die meisten von uns Angst haben. Ohne dieses Gefühl sollte keiner von uns wagen, das einfach nachzumachen. Denn ohne das Gefühl der Sicherheit und des getragenen Vertrauens in sich selbst kann ein Wagnis das Leben kosten.
Man kann es aber bekommen und wird es dann auch ganz deutlich empfinden. Es ist dann einfach "OZEANISCH".

3. Juni

Wie kann man gemeinsam gehen, wenn man den Weg des anderen nicht gehen will? Lohnt es, stehenzubleiben? Nein!
Ein kleiner Umweg, der aber wieder auf den eigentlichen Weg stößt,

ist er der richtige Weg? Oder ist der Weg, den man allein dann geht, der Weg der Freiheit?
Es geht doch um das "Frei-sein-lassen". Es geht doch um die Zweifelsfreiheit, um das Recht, das jeder hat, seinen Weg zu gehen. Denn das ist Nächstenliebe, und Schmerz ist Trennung von der Habgier.
Der Umweg ist das Verlassen des ICH.
Im Moment ist es einfach, das zu tun, was der andere will. Doch das schmerzt innen und ist weder Glück noch Zufriedenheit. Wenn der andere einem gerecht ist, aber nicht frei, dann schmerzt es ihn und einem selbst auch. Auch der kleinste Umweg ist keine Lösung dann, wenn er immer wieder einseitig gegangen wird, wenn er empfunden wird als das kleinere Übel. Denn mit dem ICH, wenn es verlassen wird, ist kein Handel möglich.
Treffen wir uns also dort wieder, wo unser beider Weg sich trifft! Denn er trifft sich, dessen bin ich sicher. Aber bis dahin sind Zeit und Zweifel — in Schmerz und Freude.

4. Juni

Ein Spiel um Unglück oder Glück, oder nach Shakespeare um "SEIN oder NICHTSEIN". Das zu tolerieren, was dann ist, gilt es, und das zu können, ist die wahre Stärke.
Also was ist?
Spielst du mit?
Setzt du?
Oder hast du Angst zu verlieren?
Dann hast du dich verloren.
Wenn du aber setzt, dann sei gewiß: Du kannst verdoppeln oder dich behalten. Denn keiner hat ein Recht darauf, sich zu verschenken oder den anderen zu besitzen. Denn das ist die Hölle, ist der Tod des ICH.
Was ist aber mein Leben ohne mich, was dir, ohne dich? Bist du dann noch und bin ich? Das Ziel ist das Ziel für jeden, und dort treffen wir uns.
Warum erst dort?
Warum ist der Weg so unterschiedlich und so oft ein anderer?
Ich weiß, du brauchst nicht mich, denn du kannst gehen, und so

kann auch ich gehen. Also gehen wir aufrecht und ohne Belastung, jeder zum Ziel ohne Angst!
Denn jeder geht, und man geht die Wege immer mit anderen.

5. Juni

Der Mensch ist innen gut, und wunderschön ist seine Seele. Doch was er teilweise mit sich und seinem Leben macht, ist grauenvoll. Er lebt tot mit denen, die wie er sind, und merkt nicht, daß er gegen sich, gegen sein Leben lebt. So ist sein Leben Kampf, Kampf gegen alle und auch sich; bis hin zu seiner eigenen Vernichtung.'
Er ist nicht froh. Er merkt es körperlich — doch sucht er Schuld nur außen. Er würde finden — innerlich seine gute Seele — sich.
Und dann würde er leben.

6. Juni

Es gibt keinen unter uns, der nicht glaubt. Es gibt nur welche, die zweifeln, und welche, die an das Gegenteil glauben. Und immer ist das für jeden wahr, was für ihn persönlich wahr ist.
Die, die zweifeln, sind gespalten, wanken wie trunken und sind unglücklich mit Suchen belastet und bezweifeln ihr Tun. Sie tun nichts vor Zweifeln und schauen auf die, die glauben und tun. Sie sind nicht sie selbst. Sie können sich aber auch nicht entschließen, jemandem zu folgen, weil sie zweifeln.
Der Verstand ist nicht zu erklären, weil er kein Organ ist.

7. Juni

So gehen sie hin: die Tage, Wochen, Jahre ...
So ist es,
und so bin ich.
Ich lebe und fühle mich wohl.
Denn so sind die Tage, Wochen, Jahre.
Ich lebe sie.
Nichts,
was mir fremd ist,
kann ich leben.
Ich lebe mich.
Aber die Jahre, Wochen, Tage vergehen.
Vergehen wie ich.
Die Zeit ist,
und sie ist ewig.
Und ewig wie sie
so bin auch ich.

8. Juni

Hilf dir selbst, dann hilft dir Gott! Denn du bist Gott — ja, dein Gott bist du. Keinen anderen wirst du jemals haben.
Wenn du einen anderen als dich anbetest, ist es dein Irrglaube. Du wirst dir nie sicher sein und zweifeln. Nur dich allein kannst du erkennen ohne Zweifel.
Erkenne dich, dann bist du sicher!
Sicher dir selbst — also selbstsicher.
Dank deiner Selbsterkenntnis.

9. Juni

Was du Liebe nennst, ist deine Habgier. Du bist traurig, daß du das, was du haben willst, nicht bekommst. Die Seelen sind eins, aber das fühlst du nicht. Sie sind frei.
Was du fühlst ist Habgier, weil du dich nicht frei, sondern abhängig gemacht hast.
Laß dich und mich frei sein!
Liebe dich, dann erkennst du dich und wirst geliebt um deiner Seele willen und nicht wegen deines Verstandes, der dir Habgier aufzwingt.
Laß dich einfach lieben — denn du bist liebenswert —, bis daß du dich selber liebst. Dann erst merkst und fühlst du die Liebe und kannst lieben!
Liebe ist nicht ein Wort, sie ist ein Gefühl, wenn sie angenommen wird, ein Wohlgefühl.
Habgier ist immer ein Unwohlgefühl.

10. Juni

Egal.
Ich bin dir völlig egal.
Das ist es. Das ist endlich — nein, ich hoffe der unendliche Anfang der Bewußtwerdung. Damit beginnt die Harmonie, die uns leben, zusammen oder besser gesagt miteinander leben läßt. Egal heißt nämlich ausgeglichen. Nicht oben — nicht unten, sondern ausgewogen, also harmonisch.
Jedem sein Ich lassend, keine Identifikation mehr.
Keine Mauer mehr,
kein Verstellen mehr,
kein Verstecken mehr.
Keine Abhängigkeit mehr davon, daß der andere so sein muß, sondern losgelassen sein Ich sein darf — uneingeschränkt frei.
Das schafft Nähe und Vertrauen.
Egal ist der Moment des Loslassens, der Beginn des Ichseins.

11. Juni

Manche haben vom Verstand, von der Bildung her eine Abneigung gegen das, was sie nicht glauben wollen. Sie verwenden ihre Energie darauf, zerstören zu wollen, woran ein anderer glaubt.
Oder kurz: Das glaube ich nicht, also stimmt es nicht und du hast unrecht.

12. Juni

Meckere nicht,
denn das ist vergeudet
und ändert nichts!
Zahle den gerechten Preis,
dann erhältst du auch den
gerechten Preis!
Achte auf dein Spiegelbild,
denn all dein Tun ist es!
Bestimme deine Gedanken,
denn so fühlst du dich
und bist gesund wie sie.

13. Juni

Deine Gedanken verbreiten sich auch dann, wenn du nichts sagst. Denn was du denkst, das fühlst du, und so wie du dich fühlst, verbreitet die Atmosphäre, in der du lebst. Nimm das Glück an, das um dich ist, denn damit verdoppelst du es! Laß Kummer, Leid und Negatives allgemein bei denen, denen es widerfuhr, sonst wirst du Teilhaber mit allen Ängsten!
Mitleid verdoppelt.
Trost kann helfen.

14. Juni

Du siehst dich im Spiegel
und in der Seele des anderen
— nicht jedoch in seinem Äußeren.

15. Juni

Die Seele ist ewig. An Wiedergeburt zweifeln die, die alles bewiesen haben müssen. In der Welt, die wir heute erbauen, werden wir uns wiederfinden und darin leben. Jeder wird dann dort sein, wo er, um zu erkennen, falsch handelte. Falsch an sich selbst, an anderen und an der Natur.

16. Juni

Ich nehme dir die Schuld, die du glaubst zu haben. Denn es gibt keine — nur Ursache.
Du tatest das, was deinem Erkenntnisstand entsprach, und den kannst du nur frei sein lassend stets verbessern.

17. Juni

Das, was vielen, von anderen kommend, am meisten fürchten, ja — hassen, das machen sie mit anderen.
Mach mit anderen nicht das, was du fürchtest, ja haßt, wenn es andere mit dir machen!
Bitte, zerstöre nicht das, was ich gut finde!
Auch mich nicht, auch dich nicht.
Laß sie sein, wie sie sind! Sie wollen es so.

Dann kannst du sein, wie du bist und es willst. Dann nimmst du, was du gut findest, um dich zu verbessern in ungezwungener Freiheit und Harmonie mit dir.

18. Juni

Einer,
der glaubt,
andere nicht beachten zu müssen,
wird allein sein
und sich dann darüber beklagen,
daß er allein ist.

19. Juni

Gib anderen, was auch du von ihnen erwartest:
Lob, Anerkennung, Liebe.
Denn sie sind wie du
und warten darauf, bemerkt zu werden, zu sein wie du.
Denn du bist.

20. Juni

Das Rad dreht sich, wie der Fluß des Lebens fließt.
Du hältst nichts auf.
Wenn du den Fluß versuchst zu stauen, wird der Damm doch brechen.
Wenn du ihn umleitest, wird es dir schaden.
Denn jeder braucht sein Bett, um zum Wohle zu SEIN.

21. Juni

In den Wind gesprochen
ist das Echo in einem selbst,
das Gefühl,
etwas gesagt zu haben,
was einem wichtig ist.
Das Gefühl, bewußt zu sein.

22. Juni

Du willst hören, was deines Sinnes ist, und hörst nicht, was dein Bewußtsein erweitern kann. Du blockierst die Freiheit deiner Seele, wenn du daran festhältst und nicht loslassen willst.
Aber die eigene Beschränkung ist ja gewollt, und so lebst du in deiner Enge und könntest leben in der Unendlichkeit, die so paradiesisch schön ist.

23. Juni

Sei still!
Werdet wie die Kinder!
Das Übel beginnt,
wenn wir gefallen wollen.

24. Juni

Die Freude eines Pessimisten — er erzählte sie mir: "Jetzt habe ich eine Stelle gefunden, wo ich für DM 4,50 ein leckeres Essen bekomme; Auswahl unter vier Gerichten, täglich wechselnde Speisekarte.

Wie ärgerlich, daß ich es erst jetzt fand. Ich arbeite schon seit Jahren in der Nähe und habe das nicht gewußt. Bin immer teurer und schlechter essen gegangen."

25. Juni

Ein Riß im Mauerwerk seines Weltbildes war der Anfang seiner Selbsterkennung. Eine Mauer, hinter der er meinte, sicher zu sein mit aller Angst, Abhängigkeit, allem Schrecken, den Widerwärtigkeiten, der Gewalt. Er fing an zu bemerken, daß er alle diese Dinge mit sich selbst eingemauert hatte.
Und jetzt der Riß — ein Riß, durch den er hindurchsehen konnte. Dabei erschrak er so heftig, daß er zurückschreckend wieder seine Mauer sah. Die ganze Arbeit, die es ihn gekostet hat, sie zu errichten, und die Arbeit, die da auf ihn zukommen würde, wenn er den Riß als Anfang des Abbruchs der Mauer betrachtete.
Den Riß zu verschließen, scheint nur einfacher zu sein als der Abriß, wenn er weiß, daß das Kleine größer ist als das groß Erscheinende. Die Luft der Freiheit, die er dann einatmen kann, ist doch frischer als der moderige Mauermief und viel gesünder.
Er hat die freie Wahl seines Entschlusses und lebt, wie er es will.

26. Juni

Wir brauchen Denker, sagte er: Denker unserer Zeit.
Ich antwortete ihm: Ich habe einen vor mir.
Nein, sagte er, so sei es nicht gemeint.
Ach so, du meinst die anderen, die Vordenker, denen du dich anschließen kannst. Die gibt es doch auch, aber die hörst du nicht, weil sie anders als du denken. So, wie du es von anderen verlangst, kann doch keiner, will doch keiner denken. Welche Denker können dir also etwas vordenken, welcher Denker ist für dich besser als du? Dar-

über kannst du denken, wie du willst. Ich weiß nicht, was du willst. Weißt denn du es?
Ich lasse den Gedanken los und bin von ihm befreit.

27. Juni

Für mich sind die sogenannten Rückführungen in frühere Leben und auch in die Vergangenheit dieses Lebens insofern unwichtig, als ich mir bewußt bin, daß ich am Gewesenen nichts ändern kann.
Bestimmen kann ich aber das Jetzt. Bewußt und genießend leben. Reinkarnationen sollen dem unbeweisbaren und unwiderlegbaren ewigen Leben dienen. Sie sind voller Hoffnung und Zweifel und halten ab vom Jetzt und Hier.

28. Juni

Vergangenheit heißt: Es ist vergangen, gegangen.
Was blieb, ist die Erkenntnis — ob gut oder schlecht. Das Schlechte ist eine änderbare Aufforderung zum Besseren. Wenn wir also wissen, daß etwas schlecht ist, dann wissen wir auch, was gut ist. Das gilt es zu verwirklichen.

29. Juni

Ein Zurück gibt es tatsächlich nicht, nichts kann ich rückgängig machen.
Aber wandeln, ändern kann ich mich. Jetzt tun, wozu mich meine Erkenntnis auffordert. Damit kann ich mich stets verbessern, statt festhaltend am Geschehen mich selbstzerstörerisch, im wahrsten Sinne des Wortes, totzuärgern.

30. Juni

Immer ist das, worüber du dich ärgerst, bereits geschehen — nicht rückgängig zu machen. Wozu also der Ärger? Er schadet dir und ändert nichts. Er hält dich fest an dem, was du nicht willst. Laß los, denn du hast überlebt! Du lebst, lebst weiter und kannst jetzt frei das tun, was richtig ist und gut für dich. Denn deine Gedanken sind befreit vom Ärger und haben sich auf den nächsten Schritt gerichtet.

1. Juli

Wer im Paradies lebt und Mitleid hat mit denen, die nicht im Paradies leben, der lebt im Leid.
Wer aber wirklich teilen will, mit dem, was ihm gut ist, der wird immer erkennend abgeben von dem, was ihm gut ist.
Und nehmen lassen, was erkannt wird.

2. Juli

Aus der Vergangenheit nichts gelernt, zu keiner Erkenntnis gekommen, nichts wahrgenommen, Angst vor dem Tod mit der bangen Frage nach der Unsterblichkeit, nach Wiedergeburt — mit allen Hoffnungen und noch mehr Zweifeln.
So wird der Genuß der Gegenwart ungelebt. Die Gegenwart ist der Sinn des Lebens. Nach diesem Sinn wird immer wieder gefragt.
Nicht wie lange sondern, daß gelebt wird, ist wichtig, und zwar bei Bewußtsein.

3. Juli

Allen äußeren Besitz kann man verlieren, wenn man nicht ständig aufpaßt.
Angst vor dem Verlust läßt einen Sicherheiten bauen und mit Vorsorge allen möglichen Schutz, um schließlich festzustellen, daß es nichts nützt. Der Verlust ist da, und der Besitz hat den Besitzer gewechselt.
So ist es auch mit mancher Frau geschehen, die man als seinen Besitz betrachtete. Sie war plötzlich davon und entweder frei oder bei einem anderen Besitzer.
Das einzige Vertrauen und das Sicherste, das man haben sollte, ist das Selbstvertrauen. Zu dem sollte man zurückkehren und es beach-

tend nicht wieder verlieren. Denn das ist nicht versicherbar und wird bei Verlust auch nicht erstattet.

4. Juli

In Diskussionen und sogenannten Streitgesprächen wird gesagt, was andere falsch machen. Selten wird gesagt, was einer richtig macht und was er richtig machen will. Daß es schön wäre, wenn der andere ihm dabei helfen würde, damit das, was gut ist, auch gemacht wird, zum Nutzen aller.
Ist es denn nicht richtig und gut, was man denkt, daß es getan werden muß? Oder hat man Angst und Zweifel an seinen guten Gedanken. Angst davor, überzeugt zu werden, daß es nicht richtig sondern falsch ist. Denn es wird nur das Falsche besprochen. Dann geschieht nichts Fortschreitendes, gehen Diskussionen leer aus, ohne Ergebnis, aber mit geklärten Fronten oder Standpunkten.
Standpunkte sind blockierter, stehender Verstand, um den verteidigend gekämpft wird. Deswegen die Fronten. Es geschieht nichts füreinander, sondern gegeneinander. Es sollte doch ein Miteinander geben, um fortschrittlich zu sein.
Ich glaube so, wie es meinem Erkenntnisstand entspricht, und bin für das Bessere.

5. Juli

Trennung von dich Belastendem heißt nicht, daß du dich von Menschen oder genauer gesagt, von deinem Partner trennen sollst. Trenne dich von deinen negativen Gedanken, die dich belasten, denn der Ausgangspunkt von allem bist du!
Wenn du dein Denken nicht änderst, dann wird sich auch für dich nichts ändern. Außer, daß du dich immer mehr von dir selbst trennst, dich verläßt und allein sein wirst mit deinen negativen Gedanken.

6. Juli

Das Gute ist das Umgekehrte des Bösen oder Schlechten. Wenn du etwas schlecht findest, ist das Gute zu finden, wenn du das Schlechte umkehrst. Wenn du geistig sehen willst, mußt du die Augen schließen. "Mach die Augen zu, dann siehst du, was dein ist!" so sagt ein Sprichwort, das absolut in die Tiefe der Wahrheit zielt. Die Wahrheit kommt aus deiner Ruhe. Mit geschlossenen Augen wird sie dir bildhaft bewußt: Ich bin, ich bin wahrhaftig, ich bin. Immerwährender Beginn, ohne Ende. Immer neuer Beginn, immer neue Erkenntnis, immer neue Bewußtwerdung, die aus dir herauskommt, dir deinen Weg erleuchtet.

7. Juli

Lobe den Herrn!
Hilf dir selbst, dann hilft dir Gott!
Fürchte den Herrn!
Den seinen gibt's der Herr im Schlaf.
Der Herr ist mein Hirte, mir wird nichts mangeln ...
und viele andere Sprüche aus der Bibel sind dann verständlich, wenn begriffen wird, wer Gott der Herr ist.
Für mich ist er nicht außerhalb von mir. Nein, er ist in mir: Das Unterbewußtsein. Und alle Sprüche haben für mich den erkennbaren Sinn, der mir das Leben vermittelt.
Jesus sagte: "Werdet wie die Kinder, dann werdet ihr das Reich Gottes sehen!" Das heißt für mich, daß der, der zu seinem ICH zurückkehrt, zu seiner Persönlichkeit, der die sich selbst auferlegte Bürde der Prägung ablegt, der wird in sich selbst den Reichtum und Wert seines Lebens erkennen.
Sein Verstand hat keine Macht, ihn daran zu hindern, wenn er es so will.

8. Juli

Wünsch dir immer, so gut zu sein, wie du kannst — nicht besser als andere und nicht wie die, die du für besser hälst. Dann wirst du für dich immer besser — ohne Zwang.
Denn jeder ist für sich gut und nicht besser und schlechter als andere.
Der Gedanke, besser zu sein, ist überheblich. Belastet also, macht einen selbst klein, schwach, und ist unwürdig.
Die Würde des Menschen ist sein höchstes Gut, seine Freiheit, sein Ansehen, sein wahres Gesicht, das er sich nicht nehmen lassen darf und anderen nicht nehmen darf.

9. Juli

Mit deiner Frage, ob du es recht machst, bist du allein. Dein Zweifel an dir läßt dich nicht erkennen, was recht, was falsch ist. Man sagt dir, was falsch ist, doch leider nur selten, was recht ist.
Du kannst sagen, was recht ist, und damit ein Beispiel geben, Unsicherheiten zu beseitigen und Sicherheit zu geben. Jeder wartet auf Bestätigung — nicht nur du.
Ich rief dich an, weil ich an dich dachte. Dich gibt es also, und wir sind dann schon zwei. Zwei, die dich mögen. Du warst dir dessen nicht bewußt, weil du dir, der du die Hauptperson sein solltest, nicht bewußt bist.
Deine Gedanken sind außen und konzentriert auf die Wirkung, die du auf andere machst. Du siehst dich von außen an und spekulierst aus den verschiedensten Identitäten nur nicht aus deiner eigenen. Die ist doch die sicherste. Sie kennst du.
Tue alles, was gut ist! Gut ist, was keinem schadet.
Dann wächst dein Erkenntnisstand unzweifelhaft und sicher.
Denn nur du bist du.

10. Juli

Ein paar Flecken sind schon da auf dem alten Tisch. Aber die sah ich erst, als ich die Decke abgenommen hatte. Brandflecken, wie übel, und welche vom Likör, und welche von der Kanne — ja, sogar von einer heißen Pfanne.
Flecken halt und weiter nichts.
Was soll's? Die Decke drüber und der alte Tisch erfüllt seinen Zweck. Man sieht es nicht.
Er ist der Tisch, und als solcher dient er.

11. Juli

Das Recht darf weder gezerrt, noch verfälscht werden. Denn das Recht ist stets verbunden mit der Freiheit und auch nur dort zu finden. Nämlich im rechten Licht.

12. Juli

Eine abbremsende Atmosphäre ist dort verspürbar, wo Neid, Abgunst, Besserwisserei und Habgier sich der Freiheit in den Weg zu stellen versuchen.
Sie ist der gewünschten Harmonie abträglich.

13. Juli

Liebe ist Freiheit, ist Frei-sein-lassen — sich selbst und jeden und alles. Das ist Gott!

14. Juli

Der auf Widerspruch Lauernde, verschließt sich den vielen Wahrheiten, die in der Menge dessen, was da kommt, vorhanden ist. Es gibt

keine einseitige Perfektion, da neue Erkenntnisse das, was bewußt war, weiterführen. So gibt es immer nur das IST, und das Mögliche hat viele Variationen, die uns unsere Wahrnehmungsfähigkeit aufzeigt.
Unterscheidungen zwischen schwarz und weiß, heiß und kalt usw. sind nur möglich, weil wir sehen, spüren, fühlen, empfinden.
Jeder für sich.

15. Juli

Auf Kritik stößt der, der etwas vorstellt, auf das der Kritisierende selbst nicht kam, den Gedanken dann aber aufnahm und nach seinem Verständnis oder auch Unverständnis weiterentwickelt oder zu zerstören versucht.
Mach das, was du willst! Gefalle dir! Sei du! Behalte dich und deinen Glauben an das, was gut ist und womit du keinem anderen schadest!

16. Juli

Ein Beispiel für die Wahrheit ist derjenige, der unter der Wahrheit leidet, die er verkündet.

17. Juli

Wahr wird dein Leben, wenn du glaubst, was du denkst.
Nicht aussteigen — einsteigen,
nicht auswandern — einwandern!
Beten, meditieren, heißt für mich: Mein Bewußtsein und mein Unterbewußtsein kommunizieren miteinander, und mein Bewußtsein dankt meinem Unterbewußtsein für jede Bewußtwerdung, die mein Unterbewußtsein ihm sendet.

Ich müßte doch als Aussteiger eigentlich in Spanien oder sonstwo, wo es warm ist, in der Sonne sitzen und meditieren, wo ich doch so weit rumgekommen bin, so sagte mir ein alter Bekannter. Er könne es nicht anders ausdrücken, es sei positiv gemeint von ihm und ich würde es verstehen, was er ausdrücken wolle damit.
"Ja", sagte ich, "ich fühle es genau, was du sagst. Ich bin gern hier und will mich nicht verändern, aber ändern. Die Sonne ist stets in mir — ist das Licht. Ich danke für jede Erleuchtung, die mir hier zuteil wird. Hier ist jetzt mein Leben, das ich genieße mit all der Nähe zu meinem Leben.
Die Sonne, die in Spanien scheint, ist dieselbe, die auch hier und auf die ganze Erde und für alle Menschen scheint. Nur an manchen Tagen sind Wolken zwischen der Sonne und uns, so daß wir sie nicht sehen. Das ist Natur wie wir. So sind auch wir wie die Sonne und die Wolken: natürlich, wenn wir uns dessen bewußt sind.
Nirgendwo wirst du deine Zufriedenheit finden, als in dir. Wenn du sie suchst, dann wirst du wandern, z.B. nach Spanien. Wenn du sie aber gefunden hast, dann bist du zurückgekehrt, zurück zu dir.
Umwege und Ausreden kannst du dir ersparen, wenn du den bequemsten Weg gehst. Der müheloseste Weg ist der zu dir."

18. Juli

Es überträgt sich das, was du tust, auf den, für den du es tust — und kommt zurück als Echo. Das ist dein wahrer Lohn, dein eigentlicher. Einen besseren gibt es nicht.
Er ist durch und mit nichts aufzuwiegen. Er hat seinen eigenen Wert, und der ist unbezahlbar. Er ist für dich, denn das bist du.
Und du bist unbezahlbar gut.

19. Juli

Nichts ist wichtiger im Team als Harmonie und damit Liebe zur Sache. Alles klappt dann in Freude. Nichts belastet, alles ist frei. Jeder

ist dann verschmolzen mit dem Team, mit der Sache. Ist selbst das Team, ist selbst die Sache. Geht völlig auf in ihm, in ihr.
Es ist dann wundervoll, frei, ungebunden und voller Harmonie.

20. Juli

Nein ist ein beachtliches Wort und das Wort, das am häufigsten mißachtet wird. Wir lernen es als erstes und verstehen es dann auch. Es ist von jedem Menschen zu verstehen. Sogar Tiere verstehen es manchmal.
Und doch ist es auch das Wort, welches am wenigsten verstanden wird, und durch dessen Mißachtung die größten Schäden entstehen.

21. Juli

Tatsächlich: Ich bin, denn ich lebe. Ewig bin ich auch — geistig —, denn der, mein Geist wie auch deiner, war immer und wird ewig sein. Denn ich, du, wir gehören zur Unendlichkeit. Wir sind die Unendlichkeit, wir sind das "Ist".
Jetzt leben wir. Wir sind, um zu leben. Lieben wir unser S E I N! Lieben wir unser Leben! Denn es ist unser Leben.
Ich will nicht dein Leben, leb du es! Genieße es! Ich will gern mit dir deine Freude genießen, in dem ich erkennend, deins zu meinem mache. Dein Gutes, dein Wissen, deine Erkenntnis erlernend für mich nutze, zu meinem Wohl, zu deiner Freude. Denn du bist Vorbild in allen Dingen, die positiv sind für dich, für mich, für alle.
Für alle, die wir sind — für Gutes sind wir immer.

22. Juli

Was der andere denkt, hilft dir nicht. Es macht dich höchstens krank und bringt dich auf den Weg zum Wahnsinn und damit ab vom Sinn des Lebens.
Denn der Sinn des Lebens ist das Sein.
Sei gewiß! Du bist.
Sei selbst bewußt werdend!

23. Juli

Der Sieg ist momentan und bleibt der Sieg des Momentes.
Er hat keinen Anspruch, weil er stets verbesserbar ist.
Es gibt keinen Anspruch auf Stillstand.

24. Juli

Kann sein — kann nicht sein.
Wenn die Seele des Menschen ewig ist und nur der Körper sterblich, wenn es Wiedergeburt gibt und ich in anderen Körpern bereits vorher gelebt habe, dann ist es auch möglich, mit den Seelen der Verstorbenen zu sprechen. Ich kann also in aller Ruhe alles das, was ich bei Lebzeit dem Verstorbenen nicht sagte, nachholen.
Absolut alles kann ich ihm sagen und werde von ihm gehört. Er ist immer, wenn ich an ihn denke, zu ihm spreche, bei mir. Er hört, sieht mich und hilft mir, mich zu erleichtern, mich frei zu fühlen in den Gedanken.
Er hilft mir also über Trauer und Verlust hinweg zu einem ganz anderen Verständnis: zu innerer Harmonie, zu Frieden mit ihm.

25. Juli

Das Licht das ewige,
aus dem ich, wir alle sind,
ohne das wir nicht wären,
ist das, was wir GOTT nennen.
Wir sind seine Kinder,
Kinder des Lichtes.
Ich bin ein Sohn GOTTES,
des ewigen LICHTES.
Das Licht ist Symbol für das ewige Sein,
das Wasser für das Leben,
der Stein für die Ewigkeit.

26. Juli

Warum soll ich wie du sein, deinen Geschmack haben, deine Mode sein?
Du fühlst dich doch nicht wohl und suchst dich. Empfindest du nicht, daß ich bin, daß ich bleiben will und nicht du sein möchte?
Du machst nicht mich, sondern dich unfrei.
Du bist nicht du.
Doch ich bleibe ich —
denn "ich bin".

27. Juli

Damals und jetzt hier und heute: Es ist schon toll, was du alles kannst und was du damit alles schafftest. Ich bewundere dich und lobe dein Können, deinen Fleiß, mit dem du das geschaffen hast.
Ach, wenn du wüßtest, was noch und noch vielmehr in dir steckt und für dich nutzbar herausgeholt werden kann. Der Mut dazu braucht

nur Lob und Anerkennung. Ich möchte dich gern und immer loben, denn was ich eben sagte, das ist die reine Wahrheit. Du weißt es auch und fühlst es. Doch ich bin nicht immer für dich da und kann es auch nicht sein. Deshalb bitte ich dich: Ich brauche deine Hilfe. Wenn ich dich nicht loben kann, dann lobe du dich, so oft du kannst. Das wäre die Hilfe, die ich brauche von dir für dich. Stellvertretend sozusagen.

28. Juli

Wer geben kann, der ist gut dran.
Wer gibt, der empfindet Freude.
Freude darüber, gegeben zu haben.
Dem geht es gut.

29. Juli

Erst dann, wenn du akzeptierend erkennst, daß du im Endeffekt allein, absolut allein bist für dich in deinem Leben, in deinen Gedanken, Empfinden, Gefühlen, deiner Freude, Freiheit, deiner Harmonie mit dir, deiner Gesundheit, deinen Erfolgen, dann wirst du erkennen, daß du mit allen sein kannst — unabhängig und frei sein lassend.

30. Juli

In dir ist das Reich,
die Kraft
die Herrlichkeit,
die Ewigkeit.

In dir ist der Herr.

Du fügst über dich.
Vergib dir deine Schuld,
die du als solche nicht erkanntest!
Martere dich nicht!
Es war zu dem Zeitpunkt keine.
Es gibt keine.

Akzeptiere das auch bei den anderen!
Gib ihnen die Unschuld!
Sei frei!
Laß aus deinem Unterbewußtsein
deinen Willen geschehen!
Positives Denken ist Schutz vor unrechtem Tun.

Friede sei in dir,
und du bist dir
und deinen Mitmenschen
ein Wohlgefallen.
Sei dir wohlgefällig,
dann bist du es für alle.

Sei bewußt!
Es ist so.
Kein Zweifel, sei zweifellos!
Sei so, wie du sein willst!
Frei, freundlich, unbeschwert,
in Harmonie mit dir
und deiner Umwelt.

31. Juli

Ich will dich nicht bezwingen, ich will mich nicht zwingen, denn beide sind wir frei.
Ich will nicht deinen Geist, ich habe meinen Geist, denn Geister, die sind frei.

1. August

Manch einer dreht sein Füllhorn um, weil er nicht genug bekommen kann, und glaubt, daß er es auch noch von der anderen Seite vollstopfen müßte.

2. August

Davis-Cup: Sie hatten die Wahl. Weil sie siegen wollten, wählten sie das, wovon sie glaubten, daß ihre Gegner damit schlechter seien als sie, und wähnten den Sieg bei sich.
Doch sie verloren, und zwar deshalb, weil sie selbst auch unter den Bedingungen, die sie ja wählten, Schwierigkeiten hatten, und zwar noch größere als ihre Gegner, die nur gewinnen wollten. Und das gelang ihnen.
Moral: Sie hätten nur das zu wählen brauchen, was sie können und dann ...
Gegen andere ist schlecht, für sich ist gut. Denn die Hilfe des Unterbewußtseins spielt immer mit.

3. August

Empfangen, senden, geben und fühlend empfinden kann jeder nur für sich. Suchend, erwartend, fordernd wird er nichts davon verspüren. Enttäuschung, Ärger, Alleinsein, Traurigkeit, Wut: Das sind die Gefühle, die ihn bewegen in Trägheit, Krankheit, Depression. Forderungen und Verbindlichkeiten sind nicht die Freiheit, sondern Zwänge.

Zwanglos ist das Teilhabenlassen an allem Guten. Dann wird das Schlechte weniger und weniger, um schließlich nicht mehr zu existieren.
Daß alles geschieht durch die Wandlung der Gedanken, die den Willen bestimmen, der dann so geschieht.
Was du tust, tust du für dich. Es soll gut sein und keinem schaden. Daran sollst du jeden, der will, teilhaben lassen. Denn das Gute ist für alle da.

4. August

Nie würdest du einen neuen Wagen für eine Klapperkiste tauschen. Nie etwas Wertvolles für Plunder; so auch nie deine Seele für Abhängigkeit.
Dein ICH ist nicht tauschbar, nicht verkaufbar oder vermietbar.
Dein ICH bist du, etwas Wertvolleres gibt es nicht für dich.

5. August

Die meiste Arbeit und den größten Schaden hat der Vorgesetzte, der nur dadurch glaubt, bestehen und besser sein zu können, wenn er seine Mitarbeiter, seine Kollegen runtermacht. Er sorgt für Krankmeldungen und für schlechte Leistungen und hat sich selbst dazu erniedrigt, als Mensch unter Mitmenschen gehaßt zu werden. Er nutzt seine Leute in Abhängigkeit aus und zerstört, was doch ein gemeinsames Gelingen dessen sein soll, weswegen sie zusammen arbeiten. Die innere Kündigung ist eine der Folgen, die den Abbau einleiten.
Was gewünscht wird, nämlich Leistung und ein gutes, gesundes Betriebsklima, das erreicht der Vorgesetzte, der geachtet werden will, dadurch, daß er lobt. Denn Lob öffnet nicht nur die Herzen, sondern auch die Bereitschaft der Mitarbeiter für Erkennung, Anerkennung des wahren Vorgesetzten, der für sie dann ein guter und vertrauensvoller Chef ist.
Lob ist der Speck, mit dem man Mäuse macht.

6. August

Ohne Gewähr.
Im Radio die Nachrichten: Mord, Streik, Hunger, Katastrophe, Geld, Betrug. Dann die Lottozahlen — wie immer ohne Gewähr — und der Wetterbericht.
Nur bei den Lottozahlen übernimmt keiner die Verantwortung, obwohl sie doch feststehen. Die Nachrichten sind Tatsachen, mit denen nur die wenigsten für sich etwas anfangen können. Aber ganz sicher sind sie geeignet, große seelische Schäden anzurichten und Angst zu verbreiten. Denn all das spielte sich in der Ferne ab und wurde aus aller Welt zusammengetragen. Der Wetterbericht, na ja, er stimmt oder auch nicht. Es ist halt die Natur, die macht was sie will.
Aber nur die Lottozahlen sind ohne Gewähr. Das heißt, daß die Nachrichten und der Wetterbericht mit Gewähr gesagt werden.

7. August

Unsere Kinder sollen es einmal besser, leichter, friedfertiger im Leben haben als wir, so wird gesagt. Das ist der Wunsch der Eltern, und so werden sie dann erzogen. Unter Umständen sogar durch eigene Entbehrungen, Verzicht, Einschränkungen.
Und dann, wenn der Wunsch in Erfüllung ging, dann wird gesagt: Sie haben sich uns entfremdet, sie machen es sich zu einfach. Sie müssen so sein wie die Alten, wie die Masse: Keine Außenseiter, kein Leben führen, wie sie es wollen. Sie müssen vorsichtig und bedächtig sein, sparsam und nicht so verschwenderisch. Das ist aber doch paradox.
Denn besser ist doch: Anders, als es die Alten machten; anders, als es vorher gemacht wurde, als es vorher als nicht gut empfunden wurde.
Also sollten doch die Alten ab dem Zeitpunkt, ab dem die Jungen allein weitermachen, weil sie von den Alten nichts mehr lernen können, akzeptieren, daß jetzt die Saat dessen, was sie sich sehnlichst wünschten, aufzugehen beginnt.

Lehren heißt, freibleibend und unverbindlich anbieten — nicht beherrschen wollen.
Lernen heißt, empfindend verstehen und übernehmend sich zu eigen machen.
Anderer Meinung zu sein, heißt, das Eigene für richtig halten und das des anderen tolerieren, wenn er von seinem nicht lassen will; es ihm nicht zu zerstören.
Leider wird statt dessen viel geneidet, mißgönnt, verkannt. Deshalb wird ermahnt, zerstört und Angst gemacht. Es wird an die früheren, schlechteren Zeiten erinnert und mit welchen Entbehrungen die Alten leben mußten.
Ich meine: Von früher bis heute ist es immer besser geworden.

8. August

Gesundheit wünscht man und ein langes Leben.
Ich sage, ich wünsche dir, daß du dein Leben lebst, es erlebst. Es kommt nicht auf die Länge, die Dauer an, sondern auf das, wie du es lebst.
Gut sollst du leben! Dann bist du auch gesund!

9. August

Ärger bist du immer ganz schnell dann los und fühlst dich wieder frei, wenn du dir bewußt bist, daß du die tatsächliche Gemeinheit überlebt hast.
Daß du lebst — frei und froh.

10. August

Wir tun uns so schwer mit der Einfachheit
und machen kompliziert und unverständlich,
was kurz und einleuchtend ist.

11. August

Was du jetzt in Freude lebst, ist Leben.
Dein Leben.
Sei froh darüber, dich zu leben!
Denn nur,
wenn du bist,
kannst du leben mit mir.

12. August

Ich gehe unguten Schwingungen aus dem Wege,
um mein Licht nicht zu verdunkeln,
denn ich will meine Augen nicht verschließen.

13. August

Ein Mensch saß auf dem Boden kauernd mit einem Pappdeckel in der Hand, den ich im Vorbeigehen las:
"Ich erbitte Ihre Hilfe — Danke!"
Ich war schon weitergegangen, blieb stehen, entnahm meinem Portemonnaie ein Geldstück, ging zurück und legte es in seine Mütze, die vor ihm lag.

Er sagte: "Extra meinetwegen sind Sie zurückgekommen, um mir etwas zu geben?"
"Ja", sagte ich — "denn Sie baten darum, und einen schönen Tag wünsche ich Ihnen auch noch!"
Worauf er mir hinterherrief: "... und Ihnen einen schönen Sonntag!"
Ich war mitleidlos, hatte keinerlei Mitleid mit ihm, wie ich mit keinem Mitleid habe. Das will ich nicht, das steht keinem Menschen an.
Er ist sich seines Wertes nicht bewußt, sonst säße er nicht dort.
Er bat aber als Mensch um Hilfe, und die ist — wenn man dazu in der Lage ist und bewußt ist, helfen zu wollen, aus Nächstenliebe von Mensch zu Mensch — Verpflichtung.
Ich bin froh darüber, mir dessen bewußt zu sein, daß es Menschen gibt, denen man, wenn sie darum bitten, helfen sollte — wenn man sich selbst als Mensch fühlt.

14. August

Wichtig — was ist wirklich wichtig?
Im Augenblick mag es so erscheinen, als sei es wichtig. Und nachher, wenn es der Vergangenheit angehört, hat es dann den Wert der Wichtigkeit gehabt?
Das Bewußtsein zu leben, mit allen Freuden, sich des Lebens zu erfreuen, das ist wirklich wichtig.

15. August

Ich bin sehr wißbegierig, ich lerne gern, auch von dir. Ich nehme alles dankend an, was gut ist, schön ist, besser ist. Aber nur das.
Bitte sei also nicht böse, wenn ich dir ausnahmslos nur in diese Richtung folge! Verlange nicht von mir, dir in allem zu folgen. Deine Erwartung hätte Folgen.
Ich möchte gern Harmonie und Freiheit meiner Gedanken, meines Handelns, und meine positive Einstellung nicht aufgeben — um keinen Preis.

Nichts ist mir teurer, wertvoller, geliebter als Freiheit.
Als ich.
Denn ich bin.
Ich bin weise, und deshalb will ich lernen.
Ich bin so frei.

16. August

Ich bitte um Ruhe — nicht um Stille.
Ruhe in dir und deinen Gedanken!
Laß sie los und höre!
Sei nicht gegen, sondern für! Für mich.
Wenn du nicht willst, dann für dich.
Das ist wichtig: für zu sein!
Vertraue dir!
Bau dich auf!
Stärke dich mit dieser Erkenntnis!

17. August

Stell die Fragen dir und, wenn du willst, auch mir. Ich werde dir antworten. Nur, was du willst, das nimmst du dir für dich.
Nicht mich. Denn ich bin mein und meines Geistes. Genau wie du.
Ich bin ein Mensch wie du.

18. August

Du hast "DU" zu mir gesagt — zum ersten Mal. Du stelltest dich mir gleich. Ich danke dir für dieses Lob, das du dir und mir damit ausgesprochen hast. Ich habe es frei und glücklich empfunden.

Damit fing es an, sich als Harmonie auszubreiten. Ich bin dein
"DU". Noch ungewohnt und zaghaft, aber unendlich in der Entfaltung.
Ich sehe das.
Ich bin.
Du bist.
Wir sind
in Harmonie verstehend.

19. August

Das, was du dir nahmst, ist deines. Das, was dir davon nicht zustand,
wird der Brocken sein, an dem du ersticken wirst.
Warum guckst du mich so unsicher an, wenn du mich bezahlen läßt.
Ich gebe dir gern das, was dein ist, und gönne dir auch deinen Profit.
Denn von dem lebst du und hast ein Recht darauf.
Ich bin bereit, mit dir zu leben. Also lach, wenn ich bezahle, was ich
bei dir genoß!

20. August

Du bekommst mich nie so hin,
wie du es möchtest.
Und stell dir vor:
Erst durch mich weißt du,
wie gut du bist.
Wäre ich wie du,
dann würde uns die Farbe fehlen,
die uns so hübsch und kenntlich macht.

21. August

Die Kaufsucht ist nichts weiter als der Versuch, mit dem Gekauften zu sich zu finden, mehr zu sein, als man sich im Moment fühlt. Es ändert sich jedoch absolut nichts. Der Mensch bleibt der, der er ist, und das Gekaufte bleibt die Sache.
Nur dann, wenn sich der Mensch mit der gekauften Sache identifiziert, wird die Sache zum Menschen dazugehörig und lebt durch ihn. Wenn nicht, dann ist sie tote Mauer, die den Menschen nicht ziert, sondern entstellt, entmündigt, selbstlos macht.
Was man genießt, das ist man und das nützt einem und wird nie zum Schaden, sondern ist Freude, Zufriedenheit, Freiheit und Harmonie mit sich selbst.
Bewußtes Sein.

22. August

Geld hat nur eine einzige Bedeutung: Man kann damit bezahlen — mehr nicht. Mit nichts anderem sollte man bezahlen als mit Geld.
Mit Geld kann man keinen Genuß des Lebens kaufen, aber bezahlen kann man ihn damit. Geld ist eine Sache — eine feine Sache, mit der bezahlt wird. Mehr nicht.

23. August

Wehr dich! Hau zurück! Setz dich durch!
So hetzen Eltern ihre Kinder aufeinander. Es wäre schön, wenn sie erklären könnten, daß es nicht um Streit und Schläge geht, wenn man die Freiheit und den Besitz des anderen als Grenze der eigenen Freiheit sieht.

24. August

Wir sind alle aus einem Stoff — nur verschieden gefärbt.
Es ist der Stoff der Träume.

25. August

Gewiß finden dich welche besser, als sich selbst, und möchten sein wie du. Aber keiner kann anders sein. Also versucht sich so mancher mit einer Maske.

26. August

Keiner sollte verlangen, daß sein Mist von anderen geräumt wird. Er soll es selbst tun, sonst lebt er darin und schaut auf die anderen, die auch darin leben mit ihm. Wer will im Mist leben?
Mist breitet sich aus, wenn er gelassen wird, und dann stinkt es.

27. August

Der Mensch, den man wegen seiner Leistung immer gut fand, verliert an Achtung in dem Moment, wo er zum Mittelpunkt wird, weil er fehlerhaft ist. Dennoch ist er ein Mitmensch.
Nur der ist stark und oben, der einfach nur sich ist. Er ist deswegen stark, weil er immer nichts weiter als sich war und ist.
Alles andere machen stets andere.

28. August

Streit entsteht, wenn der andere nicht tut, was man von ihm verlangt.
Ärger ist, wenn man von anderen verlangt und es nicht von ihm bekommt.
Abhängigkeit ist, wenn man für den anderen zum Gefallen tut.
Unmut und innere Kündigung ist, wenn man tut, weil man es muß, aber ohne Lust und eigenen Willen.
... und das alles geht über die Gedanken.

29. August

Vom Profit lebt der Mensch, denn der ist Lohn.
Nicht jedoch von Übervorteilung. Sie ist die Habgier, die andere schädigt und selbst unrechtmäßig bereichert.
Sie ist letztendlich das Zuviel, an dem man erstickt.

30. August

Jede Ausgabe kann zur Lebensfreude sein, wenn sie zu keiner Belastung führt. Denn auch hier gilt das Prinzip der Waage. Ich kann mich über Besitz nur dann freuen, wenn ich mich deswegen nicht einschränken muß. Denn Besitz zählt nichts, wenn ich deswegen nicht leben kann.
Das Leben selbst ist die Freude, die Freiheit und die Harmonie in mir. Die Zufriedenheit gewährt mir meine Ansprüche.
Wer zu viel ausgibt, der hat zu wenig.

31. August

Liebe und Haß.
Lieben kannst du mich nur deswegen, weil ich bin. Hassen nur deswegen, weil ich nicht bin, wie du es willst.
Dich mag ich, weil du bist.
Ich lasse dich sein, wie du bist, weil ich frei sein will und du frei sein sollst.

1. September

Abwehr ist immer Verteidigung der Mauer, die man vor sich aufbaute und hinter der man nicht erkannt werden will, weil sie Anonymität vorgaukelt.
Aber immer ist es auch so, daß genau diese Abwehr einen selbst isoliert, abstößt von dem, was tatsächlich ist — von der Mitmenschlichkeit.

2. September

Nie bringt es dich weiter, wenn du dich über andere ärgerst. Mit Ärger hälst du dich selbst nur fest an dem, was geschah, und änderst nichts. Sei dir bewußt, daß der andere wie du ist: nämlich grundsätzlich gut, bis auf die Dinge, die du an ihm nicht magst. An ihm ist alles andere doch gut. Auf das solltest du sehen, dann wird dir das, was du nicht gut an ihm findest, immer kleiner erscheinen. Damit leitest du eine Änderung ein, die sich auf ihn überträgt und ihn veranlaßt, zu erkennen und zu ändern.
Alles beginnt stets bei dir, um sich dann zu verbreiten. Sei also gut zu dir! Belaste dich nicht mit ihm. Das tut dann auch ihm gut und entlastet ihn. So bist du gut zu deinem Mitmenschen, der dir immer besser wird.

3. September

Mach dir keinen Abhängigen! Er würde dir nur ein heuchlerischer Sklave sein, der auf sein Entkommen sinnt.
Mach keinen schlecht! Er würde dir beweisen, wie schlecht du bist.
Nimm deinen Mitmenschen, so wie er ist, an!
Zeig ihm stets, daß er ein Mensch ist und von dir so gesehen wird!
Lobe ihn, wo immer du es bemerkst, daß er lobenswert ist!
Dann wird er dir auch aufmerksam zuhören, wenn du ihm das Besse-

re erklärst, um das dann für sich zu verwenden. Daran hast du dann auch deinen Anteil.
Sei dir gewiß: Dein Mitmensch ist gut und wird durch dich immer besser!
Sei dir gewiß, daß du dir dadurch selbst am meisten hilfst — ein Mitmensch bist!

4. September

Der Dank des Freiseinlassens ist die eigene Freiheit.
Nichts liebt der Mensch mehr als das.

5. September

Ich habe große Fässer gesehen: in Heidelberg, in Brauereien, Kellereien und die größten in Amerika, wo es ja bekanntlich überhaupt von allem das Größte gibt.
Das Allergrößte habe ich in mir entdeckt, ganz tief unten in mir. Es ist schier unerschöpflich — ja, un-er-schöpflich. Munter schöpferisch bediene ich mich und bin beschwipst.
Jeder von uns — auch du — hat es. Steig einmal hinab! Sei Küfer und probiere deinen guten Jahrgang! Er mundet auf jeden Fall. Nach Lage, Rebe, Jahrgang, Ablagerung und Lese ist er unterschiedlich lieblich, trocken oder herb. Aber vor allem mundig.

6. September

Jetzt kämpfe ich nicht mehr —
und gewinne nur noch.

7. September

Mein Glück ist Vorbild.
Dein Glück ist Vorbild.
Strahlt aus, um sich zu verbreiten, überträgt sich und macht neugierig. Gibt weiter.
Gib auch du weiter, verbreite, sei bewußt. Unser Weg führt zu Freiheit, Frieden, Harmonie.

8. September

Schlechtes ist schlecht.
Gutes ist gut.
So ist es.
Es ist doch völliger Blödsinn, geistlos, wenn ich an Gutem zweifle.
Wenn ich überlege, was an Gutem schlecht sein könne, und an diesem Zweifel verzagend, das Gute schließlich unterlasse, weil andere anderer Meinung sein könnten.
Jede gute Idee setzt Gutes in Gang, mit Nutzen für uns und für mich.
Das Gute ist ewig.

9. September

Das Haus, das ich mir gebaut hatte, gefiel mir. Ich zeigte es und war stolz.
Er sagte, daß er es anders hübscher finde. Er hätte es anders konzipiert, konstruiert. Die Fenster, die Räume anders aufgeteilt.
Ich war bedrückt. Mein schönes Haus — und nun, eine Ruine fast.
Abriß — und nun sein Haus gebaut?
Er hat ja recht in einigem, das wäre anders noch besser.
Jetzt wurde mir bewußt: Mein Haus ist mein Haus.
So, wie ich es wollte.
Mir gefällt es.
Ich kann bauen, habe gebaut.
Ich selbst bin mein Haus.

10. September

Empfinde Fehler als gut! Freue dich darüber, daß du eine Verbesserung als Idee hast!
Verwirkliche sie!

Der Fehler war bis zum Zeitpunkt seiner Entstehung keiner.
Er war ganz einfach das, was als richtig galt. Also gibt es in Wirklichkeit gar keine Fehler, sondern immer den Stand der Kenntnis.

Eine Ausnahme ist die bewußt falsche Ausführung, die zum Schaden führt. Das ist Vorsatz und eine strafbare Handlung.

Höre auf Meckerer und Besserwisser! Sie haben gute Ideen. Das ist bares Geld, denn sie selbst wissen es offenbar nicht zu nutzen.
Nimm du es! Es liegt auf der Straße. Ihr Lohn ist Krankheit und Verwirrung ihres Geistes.
Belehre dich! Du bist bereit, glücklich und frei zu sein.
Vertraue dir!
Du kannst es.
Das Lob und die Anerkennung sind in dir.

11. September

Komm mit, du bist ein Teil von mir, ein Teil von meinem Leben!
Komm mit, und dann genießen wir in Harmonie das Ziel anstrebend.

Ich gehe ungeahnten Schwingungen aus dem Wege, um mein Licht nicht zu verdunkeln, denn ich will meine Augen nicht verschließen.

12. September

Ich spreche gern und höre ungern zu, denn was man mir erzählt, ist meistens die Bewußtlosigkeit.
Doch manchmal höre, sehe, fühle ich. Das wird gesagt, getan, was wichtig ist, was das eigentliche Leben ist.
Dann empfinde ich das Leben.
Dann erlebe ich das Leben.

13. September

Licht schützt Menschen, und Erleuchtung bewahrt sie.
Jeder gute Gedanke, jedes Bewußtwerden ist Erleuchtung.
Wenn ich bei Regen fahre und das Licht einschalte, ist das Sicherheit für mich und andere.
Denn ich werde gesehen —
das leuchtet jedem ein.
Ich meine die Erleuchtung.

14. September

Keiner kann die Zeit überholen. "Was wäre wenn?" ist also reine Spekulation. Was jetzt geschieht, das ist wichtig, beachtet und genossen zu werden. Was war, hat seinen Wert, wenn es dort eingeordnet wird, wo es hingehört.
Es ist Erkenntnis und kann zu Bewußtsein werden.

15. September

"Wer sich selbst erhöht, der soll erniedrigt werden", so hörte ich sagen. Das enthält genau das, was so sehr Angst macht. Angst davor,

selbst niedergemacht zu werden. So gewinnt man keine Freunde.
Ist Niedermachen nicht genau die Selbsterhöhung, die dann niederzumachen ist? Ein Teufelskreis also.
Besser ist für mich, den anderen zu lassen, oder wenn ich es gut finde, mich seinem Lob anzuschließen.

16. September

Helfer mußt du für dich gewinnend finden.
Teilhaber kommen dann immer von selbst.

17. September

Da Gott niemals ein Mensch war, ist Maria auch nicht die Mutter Gottes. Jesus war ein Mensch mit hohem Bewußtsein, der wußte, daß die Seele des Menschen Gott ist und mit allen Seelen verbunden, die Natur der Schöpfung ist.
Wer also Gott außen sucht, wird ihn nicht finden. Wer aber sich findet, seine Seele, der hat Gott gefunden.
Es steht in der Heiligen Schrift: "Du sollst keine anderen Götter haben neben mir!"
Wer dann die Psalmen liest, der kann sie auch empfinden.

18. September

Wohler ist dir, wenn du dich beherrschst, statt andere zu beherrschen versuchst.
Denn dann bist du frei, unabhängig, anziehend, harmonisch, voll Liebe und offen für alles, was dir gut tut und dir gegeben wird.

19. September

Wir bestrafen uns selbst mit unserem Verstand, denn er blockiert! Wir betrügen uns selbst um unsere Gefühle, denn die sind die Sprache unserer Seele, unseres "ICH".
Bildung ist erst dann für uns gut, wenn sie dem Bewußtsein entspringt. Wenn wir das, was von außen kommt, in uns als Wahrheit habend als wahr erkennen.

20. September

Wenn ich lächle, bin ich bei mir.
Wenn ich lache, bin ich bei dir.
Wenn ich ernst schau, bin ich gar nicht hier.
Dann bin ich bei den Geistern.

21. September

Was der andere sagte, ist nicht so wichtig, wie das, was du dazu sagst. Denn das allein zählt und ist wichtig. Das ist es, was dich auszeichnet. Das zeigt dir deinen Stand deiner Erkenntnis, deines geistigen Wachstums.
Das bist du — ist dein wachsendes SEIN.

22. September

Streit hat man mit denen, mit denen man sich auseinandersetzen will.
Jede Auseinandersetzung trennt.
Zusammensetzung ist eine Möglichkeit, um zu finden, was einen mit dem anderen verbindet.
Forderungen trennen.

23. September

Ich lebe auch mit Mitmenschen, die nicht wissen, daß sie leben.
Sie bewegen nur Fleisch und Habe.

24. September

Jetzt löse ich auf, was Stand, Erkenntnisstand ist, und übergebe es dem Fluß. Ich lasse es einfach fließen.
So auch die Erkenntnis — und habe dabei Genuß.

25. September

Für alle, die es eilig haben: Was machst du aus deinem Leben? Du machst es, lebst es. Du bist dein Leben. Genieße dein Leben! Genieße, was du machst, und sei glücklich! Das ist nämlich d e i n Leben und nicht etwa zufällig, sondern wird von d i r bestimmt.

26. September

Realität ist, daß ich bin.
Daß ich bin, hab ich erkannt.
Dafür sag ich Dank.

27. September

Wer sich im Schatten eines Baumes wohlfühlt, ist einer, der der Sonne nicht bedarf.
Wer jedoch ihrer bedarf, der wird nicht im Schatten leben können.

28. September

Es ist die Bildersprache,
die uns einander verstehen läßt.
Die Sprache des Gefühls,
die der Fantasie.

29. September

Einander verstehen, nach Eintracht streben, um sie zu erreichen: Das ist Gottesdienst.
Mit der verdrehten Ansicht entstehen Mißverständnisse, die zur Zwietracht führen.
Das ist dann Götzendienst.

30. September

Wenn sich einer über das, was ich ihm sagte, ärgert, dann hat er nicht mich gehört, sondern sich und seine falsche Ansicht, über die er sich ärgert.
Ich sage nichts gegen ihn. Ich sage es nach meiner Richtigkeit für mich, denn alles tue ich für mich.
So ist es auch bei ihm. Er tut alles für sich.
Der Ausgangspunkt sind die eigenen Gedanken.

1. Oktober

Stell dir vor, du bist im Wald!
Du gehst spazieren, atmest tief,
schaust nach oben, siehst die Sonne
und das Laub der Bäume,
unten das Laub, durch das du gehst.
Ja, das macht Spaß,
das ist Natur.
Sieh mal da, dort vorn vor dir!
Kommt näher ran und lacht frisch und frei,
lacht wie die Natur — ganz freundlich und ganz frei.
Sei nicht erschrocken!
Jetzt erkennst du, zaghaft noch
und jetzt erkennend: Donnerwetter auch, das bist ja du.
Du in der Natur.
Du, die Natur.
Und oben rauscht das Laub
und unter deinen Füßen.
Ja, die Natur — und dich,
die du erkanntest.

2. Oktober

Zwei Seiten gibt es überall — so auch beim Wein.
Er kann erleuchten lassen oder verdunkeln. Er kann dich sanft schaukeln oder dich in einen Sturm hineinversetzen. Er kann dich erkennen lassen oder dich verdummen. Er kann dich mild stimmen oder zornig. Er kann dich hoch stimmen oder töten, krümmen oder gerade werden lassen.
Es ist doch immer der Wein, den du trinkst. Du bist es, der ihn trinkt.
Der Wein bleibt, wie er ist, und du bleibst du.
Nur kann es sein, daß du umschlägst und sauer, ungenießbar dir selbst wirst, weil du ihn nicht mit Genuß, sondern mit Erwartung trinkst. Der Wein macht dich schwankend.

Es ist nicht der Wein, du bist es, wenn du sagst, es war der Wein — nicht ich, der mich zerbrach. Nicht der Wein ändert dich, sondern du, der Schuld sucht und dich nicht findest.
Wenn du also Wein trinkst, um die zu vergessen, die du meinst, daß sie gegen dich sind, dann triffst du sie dort, wo du sie zu vergessen suchtest.
Wenn du Wein trinkst, um Freunde zu finden, dann wirst du freundlich sein und finden, daß die, die Wein trinken, wie du sind. Nicht belanglos, sondern voll Wärme, Harmonie und Freiheit.

3. Oktober

Von allem kannst du dich lösen, nur von deiner Freiheit nicht. Sie kann dir Schmerzen bereiten, wenn du von ihr keinen Gebrauch machst, wenn du sie nicht beachtest, wenn du sie mißbrauchst. Bist du ihrer aber bewußt, sie zu besitzen, dann dankt sie dir.
Dann dient sie dir mit Glück und läßt dich glücklich mit ihr leben.

4. Oktober

Das Ziel ist die Verschmelzung. Der größte Lustgewinn, die größte Freude ist die Einswerdung. Unterbewußtsein und Bewußtsein sind dann innig, die Menschheit ist sich einig, der Mensch und sein Untertan, die Erde, sind verbunden.
Alles ist dann in Harmonie und gleicher Schwingung.

5. Oktober

Die Trennung von einem Menschen ist nicht die Lösung des Problems. Die Lösung des Problems ist nur mit der Trennung von den Gedanken, die verdreht sind, möglich. Verdrehte Gedanken sind die Ursache eines jeden Problems. Durch die Trennung von ihnen wächst man immer mehr zu seiner eigenen, geistigen Größe, und die bestimmt man frei und allein. Kein anderer bestimmt darüber.

6. Oktober

Ich kenne Gott und Gottes Reich. Ich bin mir dessen jedoch nicht bewußt, weil ich es nicht sehe. Mein Verstand kann es nicht erfassen. Ich glaube daran, daß ich ein Teil von Gott bin und daß dieser Teil unsterblich und ewig ist — meine Seele. Sie ist mein Unterbewußtsein, auch heiliger Geist genannt. In ihr ist alles gespeichert von Anbeginn und ewig. Sie ist mein eigentliches ICH.
Ich bin also Seele in einem Körper, der nach außen vom Bewußtsein gelenkt wird und innen von mir, der Seele.

7. Oktober

Ich lerne gern — auch dich höre ich. Aber was richtig ist, bestimme ich für mich und du für dich.
Lernen ist unendlich. Sei also bitte nicht böse, wenn deine Richtigkeit nicht meine Richtigkeit ist!
Du hast recht für dich.
Und wenn ich mit dir übereinstimme, ist es Harmonie.

8. Oktober

Mach die Tür zu! Aber laß wissen, daß jeder herein kann. Denn die Tür und nicht dich hast du verschlossen.
Schließ nie die Tür bei anderen, denn dann verschließt du dich!

9. Oktober

Du bist bei mir,
sitzt hier
neben mir
und bist dennoch so fern,
so fern von mir.

Ich möchte gern die Nähe,
deine Nähe.
Ich liebe dich.
Dich und die Nächstenliebe.
— Komm!
Komm sei bei dir!
Sei bei mir!

10. Oktober

Du bist allein. Du schaust nach außen und bist vergrämt. Du möchtest ändern und bist vergrämt.
Ändere! Ändere dich, und du bist froh! Schau in dich! Der Frohsinn ist in dir. Laß los das Äußere! Dein Inneres wird dir bewußt. Klopf an bei dir!
Du tust dich auf und wirst deine Wärme in dir verspüren. Laß los, und du bist frei!
Du bist nicht allein. Höre dich, sehe dich, empfange dich!
Der Sender ist immer da. Schalte ein und du empfängst, klopfe bei dir an, und du tust dich auf.
Spare nicht mit deinen Gefühlen! Gönne sie dir! Sie sind dein Lohn.
Du bist so reich. Du brauchst nicht sparen.

11. Oktober

Auf der Ebene,
in der du lebst,
auf der du dich entfaltest,
in der du alle Sicherheit hast,
die du beherrscht,
in der du dich wohlig, warm und geborgen fühlst,
keimst du.
Du überblickst sie.
Verlange nicht mehr von dir,
als auf dieser Ebene ist.
Dein Erkenntnisstand wird die Ebene sein.
Bestimmen kannst du sie nicht.
Sie ist.

12. Oktober

Warum zerrst du an mir?
Um mich zu bekommen?
Sei glücklich mit dir,
und du hast mich bei dir!

13. Oktober

Selbstsucht und Sehnsucht?
Es ist die Suche, die mich in die Irre führt.
Denn ich brauche nur finden,
was immer da ist:
mich!

14. Oktober

Aus vielen Gesichtern
schauen Augen,
an denen man nur
das Äußere sieht.
Das Innere wäre der Glanz.

15. Oktober

Was andere denken,
nützt dir nur,
wenn sie so gut wie du denken!

16. Oktober

Dein Tun ist der Spiegel deiner Erkenntnis.
Nichts kannst du tun oder denken,
von dem du nicht weißt.

17. Oktober

Du kannst alles. Wenn du Lust dazu hast,
dann wirst du es lernen
und es tun.
Wenn du sagst,
das kann ich nicht,
dann sagst du damit,
daß du keine Lust hast,
das zu tun.

18. Oktober

Die da nicht Hilfe schreien, wenn sie nicht mehr weiterwissen, wollen nicht etwa hören, wie sie aus dem Dreck herauskommen können. Sie verstehen Hilfe nur verlangend so, daß sie aus dem Dreck, in dem sie sitzen und zetern, herausgetragen werden.
Dann sagen sie, ich hab's geschafft, und laufen, weil sie sich den Weg nicht einprägten, wieder hinein in den Morast, aus dem sie kamen.

19. Oktober

Wie schlecht ich mich fühle, weil du nicht so bist, wie ich dich haben will. Du tust überhaupt nichts dazu, als daß du bist — und dich wohlfühlst.
Aber ich will dich anders. Dein Wohlgefühl ist mein Ärger — oder?
Wenn ich dich lasse, frei sein lasse, behältst du dich und ich mich, und wir fühlen uns beide wohl.
In anderen Punkten stimmen wir ja auch überein, und wir müssen es ja auch nicht. Was sollen diese Kleinigkeiten? Meistens ist überwindbar, was zu trennen droht.

20. Oktober

Wenn mein Geruch zu deinem Parfüm paßt, und meine Krawatte zu deinem Lidschatten — dann ist damit unserer Freiheit und Ungebundenheit nicht genommen, wenn wir sie zur Voraussetzung einer Partnerschaft machen.

21. Oktober

Bewußtsein, Seele, Geist sind EINS,
nämlich das Gute im Menschen.
Der gute Gedanke,
der erste Gedanke,
die innere Stimme,
die Stimme Gottes —
es ist das Göttliche im Menschen.
Es ist das,
was alle Menschen miteinander verbindet.

22. Oktober

Du läßt dich vollstopfen mit allen möglichen Informationen und Problemen.
Du kannst mitreden über Probleme, mit denen du persönlich absolut nichts anfangen kannst, und kommst immer weiter ab von dir, deiner Nähe und deinem Dich-Empfinden.

23. Oktober

Warum glaubst du, daß du anderen wichtiger sein mußt, als dir selbst? Warum glaubst du, daß sie auf dich hören müssen und finden müssen, was du meinst, daß es gut für sie sei?
Sei dir bewußt, daß du Abhängigkeiten schaffst, daß du Abhängige erpreßt, daß du Abstand statt Nähe schaffst! Wie wäre es denn, wenn du endlich zu dir kommen würdest, den Anfang bei dir und mit dir machen würdest? Du bist doch gut, nur du weißt das nicht, weil deine Augen dich nicht sehen, deine Ohren dich nicht hören und dein Gefühl dich nicht leitet. Das alles ist dir nämlich nicht wichtig. Wich-

tig sind für dich die anderen, ihr Kummer, ihr Leid, ihr falsches Tun.
Du siehst nicht, was gut und in Ordnung ist, sondern daß überall etwas nicht stimmt.
Du bist sehr wichtig, dir selbst sollst du wichtig sein. Denn dann bist du einer mehr, der lebt und leben läßt.
Ändere dich! Die anderen ändern sich auch.

24. Oktober

Wie will ich das,
was ich habe,
genießen,
wenn ich daran denke,
daß es morgen schlechter sein kann.

25. Oktober

Der Erfolg des Negativdenkens bleibt nicht aus.
Alles geht in Erfüllung, was herbeigedacht wird.
So ist es auch mit dem Positivdenken.

26. Oktober

Die ihr mühselig und beladen seid, werft ab, was ihr nicht braucht, euch belastet! Werft es ab! Befreit euch vom Ballast! — Ihr werdet es nie wieder brauchen.
Fühlt euch erleichtert, unbeschwert und seelig!
Das ist Dünger für eine Saat, die große Früchte tragen wird.

27. Oktober

Ich bin überzeugt,
in diesem Moment
und stets
geht diese Entwicklung weiter
zu immer neuen
und immer besseren Möglichkeiten.
Es wird immer besser
von Moment zu Moment.

28. Oktober

Es kommt,
ohne daran denken zu müssen.
Plötzlich ist es da.
Das Unterbewußtsein arbeitet ständig.
Es hat und bringt jede Lösung
einer jeden Frage,
eines jeden Problems.
Die Zeit ist:
loslassen,
geschehen lassen,
Freude.

29. Oktober

Sei ganz ruhig jetzt mit dir — und sprich mit dir!
Sag die Wahrheit! Denn sie ist in dir und auch die Richtigkeit.
Du bist in Harmonie mit dir — und deiner Umwelt.
So wie du es willst.

30. Oktober

Ich freue mich darüber, daß ich die Abhängigkeit erkannt habe. Ich freue mich über die Freiheit, die ich habe. Ich habe meine Freiheit darüber, für mich zu entscheiden, ob ich mich abhänge oder ob ich anhängig bin und verbunden.
Ich freue mich, erkannt zu haben, daß ich nur dann frei lebe, wenn ich die Freiheit gebrauche. Freiheit ist das Leben in Harmonie mit sich selbst und mit anderen.

31. Oktober

Schwererziehbare Kinder sind die, die den größten Widerstand aufbringen, um ihr ICH zu verteidigen. Sie lieben die Freiheit über alles. Sie sind gottgefällig.
Aus ihnen sollte man herausholen, was an Gutem in ihnen steckt und das Wort Erziehung vergessen. Mit Lob und Anerkennung kan man Liebe wirken lassen, die dann auch erwidert wird.
Die Herrschsucht ist der Grund der lieblosen Gewalt, die auf sie ausgeübt wird.

1. November

Sag doch mal, was für Erfolge du zu verzeichnen hast!
Sag, was du als richtig und schön empfindest!
Sag, was dich glücklich macht!
Sag, was du richtig findest!
Dann bist du beispielhaft. Bist Mitmensch, von dem ich lerne, immer glücklicher zu sein.

2. November

Ich habe Spaß an der Gleichmacherei. Alle Menschen sind gleich. An der Individualität darf nicht gerüttelt werden. Die Persönlichkeit ist die Freiheit eines jeden.

3. November

Wasser ist das Symbol des Geistes, des Wissens und der Weisheit. Wer also sagt, daß man ihm das Wasser nicht reichen kann, oder von dem gesagt wird, daß man ihm das Wasser nicht reichen könne, der ist selbstbehindert oder wird behindert — zum Fluß zu werden.

4. November

Alle wollen mich ändern.
Ich selbst will nur ICH sein.

5. November

Alle meinen es gut mit mir und möchten, daß ich mich ändere. Ich finde mich gut, und mein Tun schadet keinem von ihnen. So bin ich ICH und will es bleiben. Ändern nur, was ich will und wann ich es will. Nämlich dann, wenn ich zu der Erkenntnis komme, daß es gut für mich ist, wenn ich es ändere.

6. November

Das Ende ist, wie auch der Anfang, in mir. Wo ich bin, ist für mich die Mitte, von der aus es in jede Richtung geht. So, wie ich es will und sehe.

7. November

Es gilt für mich, meinen Mitmenschen zu zeigen, was das Gegenteil dessen ist, was sie nicht mögen und nicht wollen — die Kehrseite also. Meistens gelingt es mir, Trübsal in Bewußtheit, Zuversicht und freudiges Erkennen zu wandeln. Manchmal bin ich selbst kurzweilig betrübt, wenn man mich deswegen mit der Begründung: "Das ist nichts für mich — ich bin zu sehr Realist" ablehnt.
Wer das sagt, den lasse ich und finde, indem ich ihn frei sein lasse, ganz schnell zu mir zurück.

8. November

Wer Macht ausüben will über einen, der nicht zu bemächtigen ist, weil er über sich selbst die Macht hat und sie keinem anderen zuläßt, der läuft Gefahr, daß er ohnmächtig wird.

9. November

Hör auf dich und du fühlst dich!
Hör auf die anderen und du fühlst dich!
Wenn du nicht hören willst, dann fühlst du dich auch. Denn immer fühlst du dich.
Du bist deine Gefühle.
Sie sind einmalig,
wie du selbst.

10. November

Hilfe erzwingen wollen, trennt.
Hilfe, die geboten wird und angenommen wird, ist die wahre Hilfe und Harmonie, ist stets eine Verdoppelung des Guten, ist Heilung, Änderung und Verbesserung.

11. November

Ich bin nur dann frei, wenn ich dich frei sein lasse. Ich liebe dich nur dann wirklich und von ganzem Herzen. Denn das Freiseinlassen ist die Liebe, ist Frieden, ist das Gönnen, die Harmonie und das Miteinander.

12. November

Mit dem, was sie sagt, will sie nicht verletzen. Doch dann, wen es ihr selbst weh tut, bemerkt sie, daß sie Verletzendes sagte. Ihr Gefühl, das sie erkennen ließ, baut sie auf und den angerichteten Schaden ab, wenn sie es erklärend dann sagt. Es wird immer weniger, was verletzend von ihr gesagt wird. Die Freude darüber wird immer größer.

13. November

Mein Zentrum ist Ruhe, Harmonie, Gesundheit, Mut, Zuversicht, unendliches Wissen, Reichtum — ist der göttliche Funke, der Verbindung hat mit dem Kosmos und den guten Geistern, die der Menschheit zu Frieden, Nächstenliebe und grenzenlosem Miteinander verhelfen wollen.

14. November

Auf die Gefühle des anderen habe ich keinen Einfluß, wenn er es nicht zuläßt. Sein Gefühl ist also das, was er zuläßt, und wie er das, was ich ihm sage, wertet.
Ich weiß, daß diese Bewußtwerdung nicht ganz leicht ist. Sie macht aber stark und froh und führt schließlich dazu, daß die unguten Gefühle weniger werden und seelische Verletzungen schließlich der Vergangenheit angehören.

15. November

Ich lebe, weil ER an mich glaubt, wie ich an IHN. ER braucht mich, wie ich IHN. SEIN Auftrag wird durch mich erfüllt. Ich bin SEIN Werkzeug. Durch mich verwirklicht ER SICH. ER und ich sind eine EINHEIT.

16. November

"Jeder hat recht", das ist Friedlichkeit und das Miteinander.
"Jeder hat unrecht", das ist Zank und Unfreiheit.
Dein Recht ist so gut wie das Recht des anderen.
Auch dann, wenn du eine andere Meinung hast.

17. November

"ES" bewegt mich — läßt mich leben.
Durch mich lebt "ES" also.
Ich weiß nicht, was "ES" ist.
Ich weiß aber, daß "ES" ist.

18. November

Wir alle kommen mit einem Auftrag auf die Welt: "Die Freiheit des anderen vor uns selbst zu schützen."
Das heißt für mich: Ich muß dich vor mir beschützen, damit ich dir nicht deine Freiheit nehme.

19. November

Dein gutes Tun für andere sollte nur deiner Freude dienen — nicht der Abhängigkeit. Was der andere, für den du es tatest, daraus für sich macht, ist einzig und allein seine Angelegenheit. Seine Reaktion ist nicht der Anlaß deiner Freude. Die begann ja schon vorher.
Dein Tun sollte also unverbindlich und freibleibend sein und dem, für den du es tust, nützlich sein, ohne ihn abhängig zu machen. Er muß frei bleiben können. Erwarte also nichts! Manches Tun wird erst viel später als gut erkannt.

20. November

Beziehe andere nicht in dein Tun und Denken ein! Du wirst enttäuscht und abhängig. Laß sie aber dann teilnehmen, teilhaben, wenn sie es gern tun wollen und du es auch gern willst.
Dann ist es für alle die reinste Freude in Harmonie.

21. November

Willst du dich nicht anpassen oder will man sich dir nicht anpassen? Beides ist abhängigmachende Unfreiheit — ist das Verlassen des ICH.
Laß los davon! Laß freisein dich und auch die anderen! Dann hast du die größtmögliche Nähe, die du dir wünschen kannst und die gewünscht wird.
Alles andere ist trennend und führt zur Unfreiheit — zur Disharmonie.

22. November

Statt den anderen als Mitmenschen zu sehen, werden von ihm Wunder, durch die er sich auszeichnen soll, erwartet. Enttäuscht und überheblich wird er dann des Unterschiedes wegen kritisiert, runtergemacht und gedemütigt, damit er wenigstens schlechter ist.
Denn Unterschied muß sein — so oder so. Dabei bleibt dann die Mitmenschlichkeit auf der Strecke. Ebenso die Harmonie und die Freiheit, nach der sich doch jeder so sehr sehnt.

23. November

Jedes Gespräch ist bedeutend. Denn alles, was gesagt wird, dient der Bewußtwerdung, wie auch jedes Geschehen und jedes Gefühl. So auch alles, was geschrieben wird. Man kann es jederzeit nachlesen und nachdenken über das, was gedacht wurde. Und wenn es auch nur die Bedeutung hat, sich bewußt zu werden, daß es bedeutungslos ist. Etwas aber bleibt immer hängen im Netz der Bewußtwerdung.

24. November

Du bist wie jeder eine herzensgute Seele. Das allein zählt wirklich. Nichts anderes ist wertvoller, als sich dessen bewußt zu sein. Täusche dich nicht, denn so ist es und so ist jeder.
Viele aber wissen das nicht. Sie kennen sich nicht und sehen so auch die anderen. Laß dich frei sein! Laß die anderen frei sein! Das ist Liebe — ist Nächstenliebe.

25. November

Du arbeitest des Geldes wegen, tust es also für dich. Je mehr du dir dessen bewußt bist, desto mehr Freude hast du daran und desto weniger ist sie dir Belastung. Mit Freude schaffst du immer mehr.

26. November

Was andere falsch machen, ist nicht wert, von dir gedanklich festgehalten zu werden. Denn was du festhältst, blockiert dich, deine Gedanken und dein Tun.
Denk an das, was gut ist, und tue es! Es schadet keinem, wenn du Gutes tust. Es macht dir Spaß, schafft Freude und Freunde, ist beispielhaft und ausgleichende Harmonie.

27. November

Das, was der andere schlecht macht, kannst du nur erkennen, weil du gut bist. Er dient dir als Beispiel dann, wenn du dich nicht ärgerst über ihn, sondern das tust, was du für gut hältst.
Sei ihm also nicht gram! Sei ihm dankbar für die Bewußtwerdung, die du durch ihn erfuhrst! Laß deine Gedanken von ihm los! Konzen-

triere dich auf dein Gutes. Ändern kannst du ihn nicht, aber helfen kannst du ihm. Helfen, indem du ihn dein Gutes und dich erkennen läßt, das beispielhaft ist und zur Mitmenschlichkeit führt.
Du wirst stets gewinnen, und mehr und mehr Gewinner werden mit dir und um dich sein.

28. November

Autobahnfahrt. Vollgas. Die ersten Anzeichen nicht beachtet. Der Wagen bringt nicht die Geschwindigkeit. Dann plötzlich Lärm und aus. Die Maschine ist kaputt.
Ärgere dich nicht darüber! Du lebst. Auch dieser Vorfall diente dir, bewußt zu werden. Nichts änderst du, wenn du dich jetzt ärgerst. Der Schaden wird bezahlt. So ist es. Mit Ärger wird die Rechnung nur unnötig teurer.
Sei dir jetzt bewußt, daß jede Eile dir Schaden bereiten kann! In Ruhe kommst du sicher an. Der Motorschaden am Auto ist wie ein Herzinfarkt beim Menschen, der überdreht.

29. November

Wenn du die Menschen verstehen willst, dann fang an bei dem Geringsten!
Wenn du das Auto verstehen willst, dann fang an beim Rad!
Wenn du Mathematik verstehen willst, dann fang an bei der Menge 1!
Wenn du dich verstehen willst, dann fang an, dich loslassend in Ruhe zu öffnen!
Dann kannst du feststellen, daß der Geringste auch der Größte ist.

30. November

Wir können erst dann etwas ändern und Neues schaffen, wenn die Alten nicht mehr sind.
So spricht ein Toter, der darauf wartet, die Toten zu begraben.

1. Dezember

Der Mensch ist ein Magnet. Was er denkt, wirkt anziehend. Wer also seine Freiheit nicht achtet, zieht die an, die seine Freiheit mißachten. Wer die Freiheit anderer mißachtet, zieht seine eigene Unfreiheit an. Alles Gute will zum Menschen. Das Ungute also Schlechte ist immer ein Hinweis darauf, daß Besseres kommen will. Es gilt also, das Schlechte loszulassen, damit das Bessere seinen Platz einnehmen kann.

2. Dezember

In 10.000 Metern Höhe meldet sich der Flugkapitän und gibt Informationen durch. So auch, daß die Außentemperatur 55° minus beträgt. "Ganz schön kalt", denke ich. Das Licht der Sonne wärmt die Erde. Zwischen Sonne und Erde ist es kalt. Die Sonnenstrahlen wärmen erst auf der Erde innerhalb der Luftschicht, die also wie ein Brennglas das Licht konzentriert. Dort also, wo keine Luftschicht ist, fehlt diese Möglichkeit. Dort ist es kalt — an den Polen und dort, wo die Luftschicht dünner wird. Es gab auf der Erde einmal eine Eiszeit. Also schließe ich daraus, daß dann diese Luftschicht sich nachher gebildet haben muß und daß die Ozonlöcher, von denen heute so angstvoll gesprochen wird, ein Rest ist, der sich ganz natürlich zu schließen scheint. Was zur Folge hat, daß die Pole schmelzen, weil die Temperatur ansteigt. Es geschieht in Jahrmillionen.
Fragen gibt es immer, und Angst macht bewußtlos. Für mich ist es so, daß nur der Verstand, der unnatürlich ist, in die Irre leitet. Schäden entstehen nur durch Irrsinnige, die bewußtlos ihrer Natürlichkeit sind.

3. Dezember

Kein Stillstand, Weiterentwicklung, Neuentdeckung, Mobilität: das ist Leben.
Immer mehr wird freigesetzt — in Freiheit gelassen.

4. Dezember

Die Gedanken, die aus dem Inneren kommen, sind es, die mich in eine Art von Glücksrausch versetzen und mir immer mehr Sicherheit geben.

5. Dezember

Der Hund, der nicht parierte und ihr, seinem Frauchen, damit ins Bewußtsein brachte, was Freiheit ist, ist ein sogenannter Bastard. Und das kam so.
Sie ging mit ihm spazieren, dem jungen und verspielten Hund. Er tollte im Park, in dem Hunde noch nicht angeleint sein müssen, in dem sie tollen dürfen. Schön, daß es noch solche Parks gibt und Hunde, die tollen, und Frauchen, die Hunde frei laufen und tollen lassen. Dann fand Frauchen einen Ast, den sie warf und den dann der Hund apportierte — mehrfach, bis er einen Schuh fand. Was heißt Schuh, eine richtig alte, ausgelatschte, kaputte und zu nichts mehr zu gebrauchende und deswegen weggeworfene Latsche.
Bello war froh und überglücklich, dieses für Frauchen so abscheuliche Ding, das nach ihrer Meinung in den Müll gehörte, gefunden zu haben. Er fand sie viel begehrlicher, wertvoller und liebte die Latsche mehr als den Stock, den er apportieren sollte. Den Stock ignorierte der Hund mit Verächtlichkeit; er wollte nur noch die Latsche apportieren.
Darüber war Frauchen zunächst verärgert. Sie hatte einfach keinen Hundeblick, keinen Hundegeschmack, keine Hundefreude an der

Latsche, sondern Menschenverstand, Menschenordnung, Menschenekel und Menschenangst vor Ungeziefer und Krankheitserregern, die sie mit der Latsche in Verbindung brachte.

Aber, und das ist wichtig, sie hatte ein Gefühl der Liebe für diesen Hund, diesen lieben Bastard, der ihr immer treu gewesen war, der für jedes Streicheln dankbar mit dem Schwanz wedelte und treu blickend sich an sie schmiegte, der immer, wie verstehend, aufmerksam zuhörte, wenn sie sich ihm anvertraute. Durch seinen treuen Blick und ohne Widerspruch ihr zu verstehen gab, daß sie verstanden und empfunden wird.

Und jetzt dieser Ungehorsam. Er wollte nicht mehr den Stock. Er wollte nur noch die von ihm geliebte und von ihr als ekelhaft empfundene Latsche apportieren. So ein Hund! Er blickte sie an, genauso, wie dann, wenn sie sich ihm anvertraute und er sie zu verstehen schien. — Plötzlich empfand sie und verstand. Verstand die Freiheit der Entscheidung des Hundes, seine Zuneigung, Liebe, seinen Geschmack für diese alte Latsche — und akzeptierte das. Nahm statt des Stockes nun voll Freude, erkannt zu haben, die alte Latsche und warf sie. Der Hund wetzte ganz freudig hinterher und flugs brachte er sie schwanzwedelnd und mit großer Freude zurück.

Diese Freude bereitete sich auch in Frauchen aus, die erkannte, wie frei Geschmack sein kann, wenn er ungehindert sich entfaltet, sich entfalten darf. Dann ist Harmonie.

6. Dezember

Ein Schritt dauert manchem länger, als hunderte von Meilen oder Jahre. Wem sein Weg zu lange dauert, der braucht nur den ersten Schritt in die andere, richtige Richtung zu wagen.

7. Dezember

Gern trage ich mit dir, wenn du unbelastet bist, nicht jedoch dann, wenn du belastet bist. Denn die Last ist nicht deine. Sie ist die, die du

dir selbst aufbürdetest, ist die, die nicht zu dir gehört. Du kannst dich getrost von ihr trennen, sie abwerfen, dich entlasten, wenn du es willst. Dich trägt auch keiner und kann es nicht. Denn das ist unerträglich.
Sei unbeschwert, dann bist du glücklich!

8. Dezember

Wer gesund ist, der braucht keinen Arzt. Wer sich mit Krankheiten gedanklich befaßt, der wird bald einen Arzt brauchen. Darum ist es gut, wenn man nur mit seinem Arzt über Krankheit spricht. Dann wird Krankheit nicht verbreitet.

9. Dezember

Solange ich kritisiert werde, lebe ich beachtet. Ist das nicht mehr der Fall, sind wir in harmonischer Übereinstimmung und leben frei miteinander.

10. Dezember

Zehn gehörte "NEIN" und ein gesagtes "JA" gehören zusammen.
Ein gesagtes "NEIN" ist heilsam.

11. Dezember

Sei der Fluß und fließe!
Der Fluß fließt immer den ungehemmten Weg. Er hat sein Ziel und erreicht es.
Auf seinem Weg
ist ihm nichts ein Hindernis.

12. Dezember

Gekaufte Zuneigung, Harmonie und Liebe ist nur von kurzer Dauer. Sie entsprechen nie dem Gewünschten.

13. Dezember

Die Ewigkeit ist leicht erklärt. Das ewige Leben der Menschen — bildlich gesehen — ist das Meer, daraus die Verdunstung, die Wolkenbildung und der Regen. Jeder Regentropfen ist die Seele eines Menschen. Die Verdunstung ist die Zeugung, die Wolken sind die Schwangerschaft, der Regen die Geburt. Er erreicht die Erde, um sie zu befruchten, versickert, um sich mit dem Meer wieder zu verbinden.
Und so geht es ewig weiter. Denn nichts ist verloren. Der Kreis ist immer geschlossen.
"Doch aller Ursprung ist das Licht" — so das Wasser und so auch der Mensch.

14. Dezember

Wenn man sich unterbezahlt fühlt, dann ist das Verlangen zu groß. Wer tatsächlich unterbezahlt wird, der findet die Achtung seiner Leistung anderswo. Glücklich und zufrieden ist der Ausgewogene. Seine Wünsche sind stets erfüllbar, er ist in Harmonie mit sich, und seines wird mehr und mehr, wie von selbst.

15. Dezember

Das fantastische Wachstum der Menschheit ist das bewußwerdende Erkennen. Der wachsende Erkenntnisstand ist der Fortschritt, der

stets Neues, Besseres für alle zum Nutzen, zu besserem und friedfertigem Leben hervorbringt.
Wer nichts festhält, ist Erfinder.

16. Dezember

Um alles kann sich keiner kümmern. Wer das versucht, der verkümmert. Aber das, was er kann, das sollte er stets verbessern. Nur darin liegt das stete Wachstum, das für alle fruchtbare Ernte ist.

17. Dezember

Wenn ein lieber Mitmensch wie ein Igel seine Stacheln aufstellt, dann kommt man an ihn nur dann heran, wenn man selbst sich wie ein Igel fühlt.

18. Dezember

Krankenpflege ist kein Liebesersatz. Einen Kranken kann kein anderer heilen als Gott. Er selbst muß bereit sein zur Genesung. Er darf nicht die Krankheit pflegen. Er muß die Gesundung beachten, denn sie ist das Ziel, den normalen und natürlichen Zustand wieder herzustellen. Wenn er Vorteile darin sieht, daß er umsorgt, beachtet, gepflegt, gehegt und nur in diesem Zustand geliebt wird, der mißbraucht seinen Körper für eine falsche Liebe. Denn die Liebe in ihm zu sich selbst läßt ihn gesunden.
Nur weil er Liebe außen sucht und die zu sich nicht beachtete, wurde er krank und sah die Liebe nicht, die ständig auch um ihn war und immer ist. Er mißachtete das, wonach er suchte.
Wer sich rechtzeitig zurechtfindet, der wird gesunden an Leib und Seele.

19. Dezember

Danke, lieber Körper für alle guten Funktionen!
Danke, liebes Unterbewußtsein für jede Bewußtwerdung!
Danke, lieber Verstand für jede größer werdende Ruhe!
Danke, liebe Seele, die du bist und es in diesem Körper des Lebens aushältst und dich immer wohler zu fühlen beginnst mit diesem Verstand, der dich mehr und mehr bewußtwerdend als Meister erkennend, anerkennend den Genuß des Lebens führen läßt!

20. Dezember

Freunde sind Mitmenschen, mit denen man viele gemeinsame Schwingungen, also Harmonien hat. Sie sind auch die, mit denen man sich ergänzt und immer neue Entdeckungen macht.
Keinesfalls sollte man Freundschaft nennen, was Abhängigkeiten schafft. Es ist also nicht so, daß der mein Freund ist, für den ich ausgebe und er deswegen freundlich und nett zu mir ist. Solche Freundschaften basieren auf Forderungen und Verbindlichkeiten und sind nicht von Dauer. Denn eine wirkliche Freundschaft ist nicht berechenbar, weil sie frei und unverbindlich ist. Dadurch hat man die größtmögliche Nähe zueinander.

21. Dezember

Jedesmal, wenn du dir Paßfotos machen läßt, suchst du das aus, auf dem du dir am besten gefällst. Es ist nicht schwer, morgens vor dem Spiegel dieses Bild für dich zu machen, an dem du dich den ganzen Tag erfreuen kannst: lachend, frisch, munter, frei, gesund, froh.
Ja, das bist du, so bist du, so siehst du aus. Das bist du wirklich und kein anderer.

Du willst dich nicht verstecken, verkleiden oder nachahmen. Das würde dich unsicher und ängstlich machen.
Deine Sicherheit liegt in deiner Natürlichkeit — in dir also. Denn du bist und bleibst du.
Schau in den Spiegel und lächle dich gewinnend an!
Ja, du bist.

22. Dezember

Das war im Wald — Frost, Schnee, Sonnenschein.
Vom Himmel wie Silber fiel ganz feiner Schnee.
Meine Schritte knirschten im Schnee,
mein Atem gefror an meinem Kragen.

Ich atmete Freiheit —
ich atme Natur.
Ich bin Natur,
ihr Bestandteil
verbunden mit ihr.

Die Kälte wärmte mich und meine Gedanken.
Ausgewogenheit war
— und ist.

23. Dezember

Wem sein Tun keine Freude, sondern Belastung ist, der tut nicht Seines. Er ist am falschen Platz und beschäftigt sich mit falschem Tun.

24. Dezember

In 20 Minuten. Es begann auf dem U-Bahnhof, als mich eine ältere Frau fragte, wann der nächste Zug kommt. Jeden Augenblick konnte sie damit rechnen und ihr Ziel würde sie erreichen, genau zur Zeit sagte ich, alle fünf Minuten käme ein Zug. Wie spät es sei, fragte sie, und ich antwortete, es sei noch genügend Zeit im Vergleich zur Ewigkeit. Wirklich eilig hätte sie es nicht, und die Zeit, nach der sie fragte, sei auch nicht wichtig.
Dann fragte sie nach dem Leben nach dem Tode, wobei Zweifel und Hoffnung sich angstvoll nach Zustimmung sehnten. Meine Antwort, daß nur der Körper stürbe und die Seele, die unser eigentliches Selbst ist, ewig lebe und nach meinem Glauben sogar wiedergeboren werde, um zu Bewußtsein zu gelangen, denn das sei der Zweck und Sinn unseres Lebens, war ihr nicht fremd, aber bisher noch nicht bewußt gewesen. Es sei schön, das zu hören, denn bisher habe noch nie jemand so mit ihr gesprochen.
Ob man denn auch seinen Tod selbst bestimme, wollte sie wissen. Ich sagte ihr, das ist wohl unbewußt möglich, denn wenn man auf die Sprache der Seele nicht hören will, die dem Körper immer über das Gefühl sagt, ob man gut oder böse denkt, oder wenn man Böses von außen kommend annimmt, es also zuläßt durch Identifikation, dann entfernt man sich von seinem eigenen ICH, von seinem Körper vorzeitig. Die gestellte Aufgabe, das eigene Leben bewußt zu leben, sei nicht gelöst worden und müsse dann später, eben dann im nächsten Leben, erkennend und bewußtwerdend gelebt werden.
Das erkläre ihr vieles, sagte sie. Ihr Neffe sei mit 35 Jahren gestorben. Er hatte eine schlechte Frau, so jedenfalls sei die ganze Familie der einhelligen Meinung gewesen, die ihm arg zugesetzt habe und das sei ihm wohl auf das Herz geschlagen. Dann sei er operiert worden, und die Operation habe er nicht überlebt.
Sie selbst stricke so gern. Für 100 Mark hätte sie Wolle gekauft und stricke für ihre Enkel. Ihre Schwester jedoch fragte sie immer, warum, wozu, sie solle lieber aus dem Fenster in den Himmel sehen.
Ja, sagte ich, das ist gut für ihre Schwester und für sie sei das Stricken gut. Denn so sei sich jeder selbst gut und nicht des anderen.
Ihr Schwiegersohn war die Belastung einer Spekulation, die nicht glückte, eingegangen, und ihm drohten jetzt die Folgen, über die sie

sich sehr ärgerte, weil sie es ihm schon vorher gesagt hatte. Ihr Schwiegersohn machte, was er wollte, und hörte, weil sein unzureichender Verstand ihn leitete, nicht auf sein Gefühl, seine innere Stimme, sein Unterbewußtsein. Er war geblendet vom Habenwollen und nicht vom Können. Seine Unsicherheit und sein Zweifel an sich selbst ließen das Vorhaben scheitern. Die Berge der Belastung seien jetzt selbsterschaffen da und drohten, ihn zu erdrücken.

Ja, ja, sagte sie und hören wolle er auch nicht auf sie, denn sie möchte gern helfen. Statt dessen sei man so gemein gewesen und habe ihr 20.000 Mark Gespartes genommen. Ich sagte ihr, sie solle sich ihres eigenen Lebens doch einmal bewußt werden.Dann würde sie merken, daß aller Ärger, den sie sich hereinziehe, nicht ihr Leben, sondern das der anderen sei. Sie lebe im Paradies, denn sie habe alles, was sie wirklich für sich zum Leben brauche, und sehe es deswegen nicht, weil sie die Hölle, in der die anderen leben, teilnahmsvoll mitlebte. Des Menschen Wille geschehe! Und so ist es dann: Er bestimmt über seine Gedanken. Was werden soll für ihn — ob gut oder schlecht —, hängt einzig und allein von ihm ab. Er ist immer dann gut beraten, wenn sein Verstand die Weisungen des Unterbewußtseins beachtet. Dann ist die Zufriedenheit nicht das Ziel, sondern der Start des Gelingens.

Es war am Heiligabend, und so wünschte ich ihr eine frohe Weihnacht, Erkennen und Bewußtwerdung, die zum erwünschten Frieden führen, der von einem jeden selbst ausgeht.

Erst jetzt bemerkte ich, daß die umsitzenden Fahrgäste zugehört hatten, sie sahen alle nachdenklich aus und in ihren Augen war zu lesen und alle wünschten ganz spontan: Frohe Weihnacht und Friede auf Erden.

25. Dezember

Niemand bekommt den Liebesbrief zu lesen, den du dir selbst geschrieben hast. Fang an und schreibe ihn! Ich liebe dich.
Es tut dir wohl. Sei nicht feige! Mach's!
Niemanden außer dir gibt es, der besser ist als du für dich. Du weißt das. Schreib es dir!

Du kannst dann den Brief lesen, ihn wegwerfen oder gut verwahren, so daß ihn niemand sieht. Wenn du willst, kannst du ihn jederzeit wieder lesen und ergänzen.
Du lebst.
Fühle es!
Du lebst.

26. Dezember

Wenn du dich mit dem, was du nicht willst, beschäftigst, kannst du das, was du willst, nicht tun.

27. Dezember

Alles ist auf seine Art schön. Und was davon für mich schön ist, bestimme ich allein.

28. Dezember

Mit deinem Lächeln verbreitest du das Licht der Mitmenschlichkeit — des Lebens.

29. Dezember

Gedankenwäsche. Änderung der Ansicht, Sinnesänderung, vom Negativdenken zum Positivdenken, vom Pessimisten zum Optimisten, vom Unglauben zum Glauben: alles das ist ursächlich Gedankenwäsche.
Nur keine Angst davor. Sie wird nämlich von keinem anderen durchgeführt, als von dir selbst. Du bist der Wäscher deiner Gedanken —

denn alles was du tust, tust nur du. Wann es nötig ist, bestimmst auch nur du allein für dich.
Die anderen geben dir nur ihre Zeichen dazu, wenn sie von dir abrücken, wenn sie dich meiden, mit dir nichts zu tun haben wollen, dich ablehnen, sich mit dir immer weniger auseinandersetzen wollen. Wasch also, wenn du willst, deine Gedanken! Oder ertrage dein Leben, wie es ist, mit allem, was dich bedrückt und unwohlsein läßt, bis daß du schließlich allein bist!
Gewaschene Gedanken verströmen einen unwiderstehlichen Duft der Frische, der Freiheit, der Gesundheit und eines glücklichen Lebens. Jeder ist gern mit dir so nah wie möglich zusammen, um dich zu genießen und von dir teilzuhaben.

30. Dezember

Ich will leben in Freiheit.
Darauf habe ich das Recht.
Ich bin glücklich und gesund.
Ich lebe.
Ich garantiere jedem Mitmenschen seine persönliche Freiheit.
Ich wünsche jedem Mitmenschen,
daß er glücklich,
gesund
und frei
sich bewußt lebt.
Dieses ist das einzige Ziel.

31. Dezember

Viele Wege gibt es. Das Ziel jedoch ist immer das gleiche. Mein Weg für mich. Deiner für dich.
Begegnungen, Kreuzungen, an denen man sich trifft, ein Stück gemeinsamen Weges, des Begleitens.
Man sieht sich, manchmal nach Jahren, wieder. Alle sind auf dem

Weg, weltweit. Jeder will das Beste, den besten Weg gehen. Fortwährend werden die Wege besser befestigt und ausgebaut für alle, damit sie keinen beschwerlichen Weg gehen müssen. Mancher sucht den richtigen Weg, mancher hat sich verirrt, festgefahren.
Jeder kann helfen, jeder hilft. Und es kann weitergehen. Ein schöner Weg — er gabelt sich, und du mußt da lang. Auf Wiedersehen und alles Gute auf deinem Weg für dich!
Ich ging unser gemeinsames Stück gern mit dir — wir sehen uns garantiert wieder.

365 Geschenke aus der Schatztruhe der Unendlichkeit des Lebens

Ich bin stolz, Deutscher zu sein. So las ich es auf dem Aufkleber eines D-Schildes. Ich sage: Ich bin Deutscher, ein stolzer Mitmensch — international —! (1)

***

Zufriedenheit — ist die persönliche Ansichtssache! (2)

***

Zufrieden kann man nicht werden — nur sein kann man es. (3)

***

Verpaß nicht die Chance, dein ICH zu entdecken — denn darin ist alles Gute zu finden! (4)

***

Was du liebst, schön und wertvoll findest, das lebt für dich — von dir zum Leben erweckt, mit dir, wie du! (5)

***

Von Uneinsichtigen darf man nichts erwarten — aber hoffen kann man, daß die Gebete für ihn, bei ihm ankommen! (6)

***

Wer seinen Willen einem anderen aufzwingt, der ist selbst nicht froh darüber. Wer jedoch beispielhaft und freibleibend das Gute offenbart, der wird stets Anhänger finden, die mit ihm gehen wollen! (7)

***

Nur Gläubige sind manipulierbar — sie brauchen dazu keinen anderen, als sich selbst! (8)

***

Die meisten suchen ihr Leben lang und finden es dann ganz zuletzt, was sie suchten: Ihr eigenes Leben. (9)

***

Der, den du für besser hältst, ist weiter — nicht jedoch besser. (10)

***

Zwei Möglichkeiten gibt es — alles andere sind Varianten. (11)

***

Du schaust auf das Haben und den Verstand der anderen. Deren Seele jedoch, die ist gleich der deinen — ist eines Ursprungs. (12)

***

Schweigen ist besser, als das Falsche zu sagen, bzw. das Negative zu verbreiten. (13)

***

Das meiste ist gut, wenn wir das bißchen Schlechte nicht zur Hauptsache machen. (14)

***

Nur einem gehört man. Sich selbst. (15)

***

Wahr wird dein Leben, wenn du glaubst, was du denkst. (16)

***

Wünsch jedem alles Gute — schreib aber keinem vor, was gut ist, sondern mach' es vor und laß' erkennen. (17)

Ich darf keinen zerren — aber ihn einladen mitzukommen, darf ich. (18)

***

Das Zentrum ist immer die Mitte der Ruhe, der Gelassenheit, der Harmonie. (19)

***

Wer nichts erbringt, der macht sich selbst wertlos. (20)

***

Es gibt keine Vorschrift, so oder so zu leben. Am besten lebst du dann, wenn du jeden leben läßt, wie er es will. (21)

***

Du willst mir nicht folgen — das ist gut so. So folge dir. Du bist innen — dort finde dich. (22)

***

Was ich häßlich oder schlecht finde, geht mich gar nichts an. Aber was schön und gut ist, das ist für mich da. (23)

***

Wer auf das Schlechte sieht, der kann nicht das Gute erblicken. (24)

***

Aufrichtig und frei kann man immer von sich selbst erzählen. Von den anderen zu erzählen, bringt oft Widersinniges zustande, weil es verdreht werden kann. (25)

***

Ich dulde keinen Widerspruch — eine eigene, andere Meinung ist allerdings sehr willkommen! (26)

***

Der Mensch lebt in dem, was er machte — und was er machte, war das, was er dachte! (27)

***

Das Vertrauen wird seltener enttäuscht als das Mißtrauen! (28)

***

Ich wollte dir mit meinem Tun nichts Böses — Was du annahmst, entsprang deinen Gedanken! (29)

***

Du wächst, wenn du klein wirst — wenn du in dich gehst. (30)

***

Nur du selbst kannst ehrlich handeln. Erwarte es nicht von anderen. (31)

***

Betrachte genau, was du hast, und entdecke den Wert, bevor du ihn woanders vergeblich suchst. (32)

***

Du läßt nicht sein — und damit engst du dich selbst ein. (33)

***

Wer schlecht denkt, der spricht Schlechtes und handelt auch schlecht. Er schadet sich selbst und wundert sich darüber, daß er abgelehnt wird — daß er abstoßend wirkt, das bemerkt er nicht. (34)

Es gibt keine schlechten oder dummen Menschen — Nur Unwissenheit! (35)

***

Hinderlich ist der Gedanke, anderen gefallen zu müssen! (36)

***

Indem du losläßt, erhältst du das Himmelreich Gottes auf Erden! Es ist für alle da! (37)

***

Harmonie ist die anzustrebende Ordnung. Sie entspricht dem Frei-sein-lassen und führt zur Schadlosigkeit und Einigkeit! (38)

***

Demut ist wie Demontage, also Abbau. Es ist die Trennung von eigenem Mut. Abbau des Selbst — seines eigenen ICHs! Der Mut zum eigenen ICH ist der Grundstein allen Aufbaus! (39)

***

Die Ansicht zu ändern führt automatisch zu vorher nicht geahntem Wachstum! (40)

***

Wer andere nicht bezweifelt, der fühlt sich selbst auch nicht von anderen bezweifelt. Er ist zweifelsfrei — frei. Er bezweifelt sich also auch nicht selbst, ist sicher, selbstsicher. Sicher sich selbst — seines SEINS! (41)

***

Die eigene Sicherheit entsteht, wenn man sich nicht von anderen verunsichern läßt! (42)

***

Wer keine Leuchte ist, der ist ein Unwissender — dem Wissenden, dem ging ein Licht auf! (43)

***

Ich habe einen auserlesenen Geschmack — und der Beweis bist du! (44)

***

Denke einmal an das, was du willst und nicht an das, was andere sollen oder nicht sollen — dann geht es dir sofort besser — dein Ärger über sie, der löst sich auf in nichts! (45)

***

Ich arbeite im Garten und betreibe auch Sport — ich arbeite in Gottes Garten und säe und ernte — und ich gebe gern davon ab! Ich betreibe den Denksport, der mich erwärmt, erhitzt, mir wohltut in allen meinen Gliedern! (46)

***

Nur..., aber..., wenn du mich..., dann... — sind Abhängigkeiten, die trennen statt zusammenfügen! (47)

***

Wer stark ist, der geht leicht über Schwächen hinweg! (48)

***

Das, was einer gern tut und was einem selbst nicht gefällt, sollte man ihn tun lassen. Es ist seines, es sei denn, daß sein Tun die Freiheit anderer berührt oder gar anderen die Freiheit nimmt! (49)

***

Änderungsversuche an anderen sind selbstlos, ärgerlich, belastend und ändern nur die Harmonie in Disharmonie mit sich selbst und den anderen. (50)

Der Rückwärtsgang ist zwar der langsamste, aber auch der stärkste. Er fährt die Karre sicher aus dem Dreck — und dann kann ein anderer, sicherer Weg gefahren werden! (51)

***

Dein Wollen muß immer auf eine gute Sache gerichtet sein, die für dich und alle gut ist. Es darf niemals darauf gerichtet sein, andere zu ändern! Denn das wäre Abhängigkeit, Unfrieden und Disharmonie! (52)

***

Wer fragt, der bekommt Antwort. Wem die Antwort dumm vorkommt, der überdenke noch einmal seine Frage! (53)

***

Wer der Habgier nachgibt, bezahlt mit seiner Freiheit und bekommt dafür die Unfreiheit. Ebenso ist es mit dem Neid! (54)

***

Wen willst du ändern? Dich? Prima! Denn ab jetzt wirst du leben, erleben, dein Leben genießen! Alles andere hast du bereits vorher vergeblich versucht. Dieses Vorhaben aber wird dir mit Sicherheit gelingen! (55)

***

Reich ist jeder! Arm ist der, der andere für reicher hält! (56)

***

Du bist wie jeder — eine herzensgute Seele! Das allein zählt wirklich. Nichts anderes ist wertvoller, als sich dessen bewußt zu sein! (57)

***

Du selbst sehnst dich nach Freiheit. Sie ist das höchste Gut des Menschen. Warum gewährst du sie dir nicht? Warum gewährst du sie nicht dem anderen? Das einzige, was du in deinem Leben lernen solltest, um frei zu sein und glücklich mit allen zu sein — ist die Freiheit gewähren zu können. (58)

***

Wer sich mühte und plagte, der hat kein gottgefälliges Tagewerk vollbracht. Nur der, der sich freute und glücklich war, der vollbrachte es! (59)

***

Wo wir herkamen, ist gleich. Wo wir hingehen, ist egal. Nur die Wege sind verschieden! (60)

***

Mit der Geburt beginnen wir zu altern. Ich liebe das, genieße es. Mein Leben lang, jeden Tag. Nicht einen möchte ich missen. Ich werde gerne alt — denn das ist das Leben! (61)

***

Herrschen ist Angst davor, beherrscht zu werden. (62)

***

Falsch ist, nur sich selbst zu sehen. Falsch ist, nur die anderen zu sehen. Richtig ist, sich in den anderen zu sehen und zu erkennen. (63)

***

Eine gute Atmosphäre ist immer dort, wo man frei sein darf und frei sein läßt — dort ist man entspannt und nimmt Energie auf. (64)

***

Die feine Lebensart ist sorglos — die sorgenvolle ist leblos! (65)

***

Arbeitsvereinfachung ist die lohnendste Arbeit! (66)

***

Immer dann, wenn du mit deinem Kopf anstößt, bist du gewachsen! So ist es körperlich und auch geistig. (67)

***

Deine Freiheit ist so grenzenlos, wie du sie gewährst! (68)

***

Ich kann es dir vorschreiben, vorlesen, erklären — finden, empfinden kannst du nur selbst! (69)

***

Der Pessimist geht mit seinem Regenschirm mürrisch im Sonnenschein und fühlt sich unnötig belastet. Der Optimist geht ohne Schirm durch den Regen und ist sich bewußt, daß das meiste ihn nicht trifft! (70)

***

Das körperliche Wachstum ist begrenzt — nicht jedoch das geistige und das der Freude! (71)

***

Durch jeden Mund kann Gott zu uns sprechen. Auch durch deinen. Doch nur der, der es hören will, der hört es! (72)

***

Das Problem bin immer ich. Und wenn ich mich ändere, meine Ansicht ändere, dann ist es kein Problem mehr! (73)

***

Es ist absurd, dann, wenn es einem gut geht, daran zu denken, daß es nicht so bleibt und man daran denkt, was alles wohl passieren kann. Die Freude weicht dem Zweifel, und negative Gedanken reihen sich aneinander — wie gedacht! (74)

***

Ich liebe alle Menschen, indem ich sie frei SEIN lasse. Denn das ist die größte Liebe — ist die, die ich mir gönne! (75)

***

Gib das, woran du am meisten hängst, weg. Trenne dich davon, es ist dir nur Belastung, die du nicht willst. Mach' also Platz für all das Gute! (76)

***

Wissenschaft ist das innere Wissen, daß das, woran man glaubt, beweisbare Tatsache wird! (77)

***

Du kannst, wenn du willst, alles! Also, was willst du? Nichts? Das ist das Schwerste! (78)

***

Mich stört das Ungewohnte nur, bis ich mich daran gewöhnt habe — wenn es nicht änderbar ist! (79)

***

Das NEIN oder SCHLUSS zu akzeptieren ist viel besser, als WARUM zu fragen. NEIN und SCHLUSS ist stets der Anfang für Besseres, das einträchtig ist! (80)

***

Denk nicht an Probleme! Denk an das Ziel! Dann werden dir die einfachsten Wege dorthin bewußtwerdend einfallen, und du hast die Lösung! (81)

***

Was dich belastet, sind deine Ansprüche, die über dein Vermögen gehen. Du selbst hast es dir über dein Vermögen hinaus aufgebürdet! (82)

***

Du bist so frei wie deine Gedanken, die du zuläßt! (83)

***

Meinem Glücklichsein dient alles, was ich genieße. Alles, was ich genieße, ist gesund für mich. Es ist die Freiheit, die ich mir gewähre! (84)

***

Positives Denken ist die Saat. Positives Handeln ist die Ernte! (85)

***

Von dem, den du nicht magst, mußt du dich fernhalten. Oder deine Ansicht ändern! Nicht jedoch versuchen, ihn zu ändern! (86)

***

Der Tag nach Feiertagen ist vielen deswegen so trist, weil er ohne die Vorfreude ist! (87)

***

Negatives weckt Aggressionen und vermehrt sie! Was negativ ist, bestimmst du für dich! (88)

***

Angst vor Kritik hat der, der andere kritisiert! (89)

***

Freiheit ist natürliches Wachstum — ist Leben! (90)

***

Wer das IST akzeptiert, der findet seinen Weg zum Besseren! (91)

***

Der Einsame ist nie allein — denn es gibt viele! (92)

***

Je weniger du dich über andere ärgerst, desto mehr kannst du dich über dich und deines erfreuen und unabhängig, zwanglos, frei dich entwickeln! (93)

***

Mit negativem Denken und Handeln nimmt man sich selbst die Freiheit! Es belastet und straft, bedrückt, macht einen krank! (94)

***

Toleranz ist Nächstenliebe — ist Freiheit! (95)

***

Dein Äußeres ist nicht dein Wichtigstes. Zu deinem Innersten hast nur du den Schlüssel. (96)

***

Ob jung oder alt, das ist egal — es ist ganz einfach herrlich, zu sein. (97)

***

Immer habe ich die Chance zu erkennen — und das ist das, was meinen Erkenntnisstand wachsen läßt, wenn ich es so will. (98)

***

Wer nicht bereit ist, loszulassen, um den nächsten Schritt zu tun, der vertritt seinen Standpunkt. Er hat also kein Wachstum, keinen Zuwachs, keinen Fortschritt. (99)

***

Wer die Zweifel anderer annimmt, der verläßt seinen Glauben an sich selbst. (100)

***

Die einzige Möglichkeit des Überlebens ist: zu leben — das Leben erlebend zu leben. Sein eigenes Leben glücklich und zufrieden leben. (101)

***

Was du brauchst zum Leben, das hast du. Was du nicht brauchst, um glücklich zu leben, ist deine Unzufriedenheit, denn sie belastet dich nur unnötig. (102)

***

Bist du glücklich mit dir? Wenn ja, dann bist du frei und wirst mir meine Freiheit lassen! (103)

***

Unglücklich über andere zu sein heißt, daß man sich von seinem eigenen Glücklichsein abhält und abhängig von den anderen ist — also unfrei! (104)

***

Wer sein Denken ändert, ändert sein Handeln und die Anlässe, aus denen Schäden entstehen! Denn Not und Elend sind die Folge von Neid und Habgier! (105)

***

Optimist zu sein ist gar nicht schwer — Pessimist zu sein belastet sehr! (106)

***

Materielles Vermögen entspricht dem geistigen Vermögen. Das heißt also, dem Erkenntnisstand. Bewege erst dann das Geld, wenn du es hast, wenn es dir gehört. Nicht vorher. Und bewege es dann, um es genußvoll zu erleben! (107)

***

Mißbrauche nie das Werkzeug deines Lebens, während du lebst — nämlich deinen Verstand und deinen Körper! Denn sie sind dir gegeben, um dieses Leben in Freude zu erleben — genießend zu erleben! (108)

***

Das Karnevalsschunkeln hat auch die Bedeutung, sich miteinander einzuschwingen in eine gemeinsame Harmonie — sich miteinander einfach freuen und genießen und lachen, alle Verkrampfungen und Unterschiede, Hemmungen, usw. hinter sich lassen, leben — in Lebensfreude! (109)

Alles will der Mensch teilen — Freud und Leid. Er meint, daß das Leid sich dann vermindert — es verdoppelt sich aber. Genau wie die Freude. Alles verdoppelt sich! Nur eines will der Mensch nicht teilen. Die Menschlichkeit, die Mitmenschlichkeit — und nur durch sie erst ist er ein ganzer Mensch! (110)

***

Das Gute am Negativen der Vergangenheit ist — wir haben es überlebt, und wir sind dadurch bewußter geworden und erkenntnisreicher. Oder? (111)

***

Positives Denken, das hört sich so einfach an. Denk einfach und positiv — dann ist es so einfach! (112)

***

Angst zu verbreiten ist keine Möglichkeit, Sicherheit zu erreichen! Damit läßt sich aber ein Geschäft machen. Sich mit der Angst zu identifizieren — macht letztendlich nichts als eigene Angst! (113)

***

Alles ist gut, bis uns besseres einfällt! (114)

***

Der Abgrund, der arm und reich trennt, ist Überheblichkeit und Untertänigkeit! (115)

***

Ich wachse immer mit den von mir an mich gestellten Aufgaben, die ich annehme und bewältige, ohne mich von ihnen bewältigen zu lassen. Und du bist der, der mir die neuen Ideen gibt, aus denen ich lerne — hinzulerne! (116)

Was mich erfreut, bist du. Du machst mich bewußt — und damit belebst du mich. Ich danke dir. Ohne dich wäre ich allein — einsam bin ich wie du — wir sind jeder einzeln, aus einem Samen — nicht jedoch allein, weil jeder so ist. "Du bist frei" — das ist meine Freiheit. Ja, Freiheit, die ich dir lasse, ist meine Freiheit! (117)

***

Ich mache stets das Beste — und das Beste ist immer das, was ich weiß! (118)

***

Was den Menschen am meisten bremst, ist die eigene Feigheit vor sich selbst! (119)

***

Fehlleistungen sind Schäden — sie resultieren daraus, daß du nicht bei dir warst. Du warst mit deinen Gedanken außerhalb! (120)

***

Auf meine Frage, wie sie darüber denkt, antwortete sie: sie kenne die anderen und sagte mir, wie sie denken — ich bekam also keine Antwort, denn ich hatte doch gefragt, was sie denke! (121)

***

Wie gut du bist, erkennst du an deinen guten Taten selbst. Denke und tue — bleib also nicht stehen. Geh' und tue es! Du wirst dabei immer besser und deine Freude wird dein höchster Lohn sein! (122)

***

Es ist wichtig, wieviel gespart wurde. Nicht wichtig ist dann die Höhe der Rechnung! (123)

Alles, was du tust, entspricht deinem momentanen Erkenntnisstand! Fehler machst du nicht, sondern du kommst zu immer neuen, besseren Erkenntnissen. (124)

***

Angst vor Fehlern produziert Fehler oder Untätigkeit. Jedes neue Erkennen produziert Taten, die Verbesserungen sind. Das macht Freude. Lebens- und Schaffensfreude! (125)

***

Freundliche Menschen findest du dann, wenn du Menschen freundlich findest! (126)

***

Auch du brauchst dich. Nicht nur andere! (127)

***

Wie du beachtest, wirst auch du beachtet. Du bist beachtlich. Beachte dich! (128)

***

Gib dich dir zurück, zurück in Freiheit, und du wirst das gefunden haben, wonach du suchtest! (129)

***

Nachahmen des Positiven ist kein Diebstahl, sondern Verdoppelung des Guten. (130)

***

Ärgere dich nicht, über das, was ist. Freue dich auf das, was wird — denn dann wird es. (131)

***

Bedanke dich für jeden Tadel, denn er macht dich bewußt und läßt dich geistig wachsen — und bedenke auch, daß alles, was nicht getadelt wird, gut ist — und das ist das meiste. (132)

***

Krank ist der, der um Beachtung buhlt — wer sich selbst und die anderen achtet, ist gesund an Körper, Geist und Seele. (133)

***

Erwarte nichts von anderen, dann bist du frei. (134)

***

Nichts nehmen wir mit. Aber in dem, was wir erschaffen, werden wir sein. (135)

***

Vollkommenheit kann jeder nur für sich selbst erlangen. (136)

***

Immer dann, wenn ich umdenke, geht es mir wieder gut. (137)

***

Erkenne, daß du alles für dich tust. (138)

***

Wir sind alle aus einem Stoff — nur verschieden gefärbt. Es ist der Stoff der Träume. (139)

***

Gewiß finden dich welche besser als sich selbst — und möchten sein wie du —, und keiner kann anders sein als er selbst, also versucht sich so mancher mit Maske. (140)

***

Wir haben beides auf Erden. Das Paradies und die Hölle. Womit wir uns gedanklich befassen, das erleben wir. Es ist wie Tag und Nacht. (141)

***

Wer sich mit sich und seinem beschäftigt, der ist zufrieden, glücklich, harmonisch und erkennt das Paradies, in dem er lebt! (142)

***

Positiv denken heißt, realistisch denken. Umgehen mit dem, was einen selbst betrifft, was man kann, weiß, hat. Seine Gedanken auf sich konzentrieren, sein eigenes Leben leben und gesund und glücklich SEIN! (143)

***

Ich will glücklich, zufrieden und harmonisch mit mir selbst sein. Denn dann bin ich gesund und zufrieden. Wie mich andere sehen, überlasse ich ihnen, wie ich auch sie sich selbst überlasse — denn sonst würde ich mich entfremden und abhängig sein! (144)

***

Ich will glücklich sein. Das kann ich nur dann, wenn ich mich nicht mit dem Unglück anderer beschäftige, denn das mache ich nicht ungeschehen, und wenn ich mich damit identifiziere, ändere ich nur mich. Denn dann habe ich Angst. Angst davor, daß es mir auch passieren könnte. Ich aber will glücklich sein! (145)

Niemals wird dir je ein anderer helfen können, wenn du es nicht zuläßt! Auch dann nicht, wenn du ihn darum bittest. Erst dann, wenn du es zuläßt und ohne Zweifel daran glaubst, daß er dir helfen kann, wird dir geholfen! (146)

***

Solange man lebt, wird man älter. Das ist normal! (147)

***

Viele reden über das, was sie nicht glauben. Was sie glauben, das wissen sie nicht. Aber was an Schrecklichem geschah, darüber reden sie, als sei es ihnen passiert. (148)

***

Ärgern kannst du dich stets über das, was war — und du machst es nicht ungeschehen! Freuen kannst du dich stets über das, was du jetzt genießend erlebst. Angst haben kannst du nur, wenn du spekulierst über das, was passieren könnte — und alles ist möglich! (149)

***

Wehr dich! Hau zurück! Setz dich durch! So hetzen Eltern ihre Kinder aufeinander. Es wäre schön, wenn sie erklären könnten, daß es nicht um Streit und Schläge geht, wenn man die Freiheit und den Besitz des anderen als Grenze der eigenen Freiheit sieht. (150)

***

Alles läßt sich so weit komplizieren, bis es sich in der Irre verliert, es nicht mehr verstanden wird, weil der konzentrierte Sinn nicht mehr einfühlsam empfangen werden kann. Und oft sind deshalb kompliziert und problemhaft erscheinende Dinge vom Sinn her ganz einfach, wenn man sie durchschaut. (151)

***

Es kommt nicht darauf an, mehr als andere zu haben. Es kommt nicht darauf an, daß andere mehr haben. Es kommt darauf an, selbst genug zu haben und das auch anderen zu gönnen, zu wünschen! Dann ist Harmonie und Zufriedenheit! (152)

***

Geld hat nur eine einzige Bedeutung. Man kann damit bezahlen. Mehr nicht. Mit nichts anderem sollte man bezahlen, als mit Geld. Nicht mit Gesundheit. Nicht mit sich selbst. Nicht mit dem Leben. Nur mit Geld. Mit Geld kann man keinen Genuß des Lebens kaufen, aber bezahlen kann man ihn damit. Geld ist eine Sache — eine feine Sache, mit der bezahlt wird. Mehr nicht. (153)

***

An dem, was du anderen nicht gönnst, wirst du ersticken. (154)

***

Einfach so zu sein, wie man ist — dann ist man glücklich und zufrieden. Vernünftig ist man für andere nur dann, wenn man wie sie ist bzw. ihnen gerecht ist. Dann ist man aber nicht man selbst, sondern unsicher und unfrei. (155)

***

Vernünftig ist man immer dann, wenn man tat oder tut, was andere von einem verlangen. Glücklich sein hat nur mit einem selbst zu tun. (156)

***

Der Zweifel birgt die Unsicherheit und führt zur Angst, die sich verbreitet. Glaube ist positives Denken — ist Leben — ist SEIN! (157)

***

Nur ein Lächeln genügt, um sich als Mitmensch zu präsentieren. Es zeigt das Innerste, ist unverbindlich und doch so wohltuend, wärmend. Es zeigt, daß man nicht allein ist! Danke für dein Lächeln! (158)

***

Immer sollte dir deine Gesundheit die Wahrheit wert sein! Auch dann, wenn dein Verstand sie leugnen möchte. Denn dein Unterbewußtsein kennt die Wahrheit! (159)

***

Stets sollte dein Tun gut für dich sein und nie einem anderen schaden, denn das Echo kommt zu dir. Egal ob gut oder böse. Denn deine Seele rechnet ab mit deinem Körper, und Gesundheit ist Gutes tun und denken. Für dich selbst und die anderen! (160)

***

Gesundheit wünscht man und ein langes Leben. Ich sage, ich wünsche dir, daß du dein Leben lebst. Es erlebst. Es kommt nicht auf die Länge, die Dauer an, sondern auf das, wie du es lebst. Gut sollst du leben, dann bist du auch gesund! (161)

***

Ärger bist du immer ganz schnell dann los und fühlst dich wieder frei, wenn du dir bewußt bist, daß du die tatsächliche Gemeinheit überlebt hast. Daß du lebst. Frei und froh. (162)

***

Der, der etwas will, der kann etwas tun. Der, der etwas nicht will, der tut nichts! (163)

***

Der, den du nicht magst, der mag sich. Laß ihn. Nur wer sich selbst nicht mag, kann sich ändern — wenn er will! (164)

***

Jedes falsche Tun und Denken gegen andere verbucht die Seele über den Körper. Der Verstand versucht vergeblich das zu leugnen, denn das Unterbewußtsein kennt nur eine Wahrheit! Gesundheit durch Gutes tun und denken wünsche ich jedem! (165)

***

Es kommt nicht darauf an, daß du etwas tust. Es kommt darauf an, daß, wenn du etwas tust, du dir bewußt bist, daß du es für dich tust! Und wohl soll dir dabei sein. Und es soll so sein, daß du keinem schadest! Dann ist dein Tun gut für dich und gut für alle! (166)

***

Wir tun uns so schwer mit der Einfachheit — und machen kompliziert und unverständlich, was kurz und einleuchtend ist! (167)

***

Wenn es dir gelingt, dich mit dem zu freuen, der gewonnen hat, dann hast du gewonnen! Nämlich dich! (168)

***

Das paßt mir nicht — sagt ganz klar aus, daß es nicht meins ist. Es ist mir zu groß oder zu klein. Also lasse ich es weg. (169)

***

Die Wahrheit tut viel weniger weh, als die Angst vor der Wahrheit. (170)

***

Wer leben will, muß gönnen können — sich und anderen. Das ist das Leben. (171)

***

Was dich abhält ist Angst. Angst vor dem, was möglich ist, weil es anderen passierte. (172)

***

Verfüge nur über dich und deines und nur mit Zustimmung über andere und ihres. (173)

***

Aus vielen Gesichtern schauen Augen, an denen man nur das Äußere sieht. Das Innere wäre der Glanz! (174)

***

Angst ist positiv für den, der sie zu verkaufen versteht. (175)

***

Was andere denken, nützt dir nur, wenn sie gut — wie du denken. Also spekuliere nicht. Denke gut und laß sie denken! (176)

***

Mißverständnisse entstehen oft aus Mangel an einfühlsamer Mitteilung. (177)

***

Zwang ist die Überzeugungswut, die zum Schaden gegen sich selbst führt. (178)

***

Erst durch mich weißt du, wie klug und schön du bist. (179)

***

Teuer ist, was ich nicht brauche. Zu teuer ist, was ich nicht gönne. Was ich will, das kann ich zahlen und das ist seinen Preis wert. (180)

***

Verteilte Tiefschläge treffen immer den Verteilenden! (181)

***

Viele beschäftigen sich mit dem, was sie nicht wollen, und bewirken nur Ärgernis in sich und sonst keine Änderung. Andere beschäftigen sich mit dem, was sie wollen, und sagen es — und bewirken Freude in sich und in anderen und ändern das, was notwendig ist. (182)

***

Eifersüchtig auf die Freude des anderen zu sein, ist das eigene Unvermögen, sich und seine Freude genießend zu leben und teilzunehmen und teilhaben zu lassen. Es ist trennend. (183)

***

Wer nur die Fehler des anderen sieht, übersieht all das, was der andere ist. Nämlich ein Mensch mit einer herzensguten Seele — wie auch er selbst — bis auf die kleinen Unterschiede, die man Fehler nennt! (184)

***

Wenn man sich selbst nicht darüber freuen kann, gegeben zu haben, dann hat man die Gabe in Abhängigkeit verpackt. (185)

***

Wer nur darauf zielt, mehr und mehr zu besitzen, der ist arm, weil er es nicht versteht, das, was er hat, genießend zu leben. Wer sich aber dessen bewußt ist, das, was er hat, zu leben, dem wird es mehr und mehr! (186)

***

Wem sein Tun keine Freude, sondern Belastung ist, der tut nicht seines. Er ist am falschen Platz und beschäftigt sich mit falschem Tun! (187)

***

Alles, was du im Geiste siehst, wird wahr durch deinen Glauben, der dir die Kraft gibt, es zu verwirklichen. (188)

***

Wer meint, daß es nur darauf ankommt, nicht erwischt zu werden, der erweist sich selbst einen schlechten Dienst. Und hat den Schaden. (189)

***

Was gemeinsam gewollt wird, das ist dann zu tun. Wer meint, daß andere das tun müssen, was er will, schadet sich selbst. Er sollte seines dann allein machen. Er paßt nicht in die Gemeinschaft. (190)

***

Sei niemals gegen Menschen, oder alles das, was deren ist. Sei immer für dich und das, was du denkst, tust, hast und glaubst. Du wirst dich dann freuen über jede Gleichheit, die du entdeckst. (191)

***

Du bekommst mich nie so hin, wie du es möchtest. Und stell dir vor: Erst durch mich weißt du, wie gut du bist. Und wäre ich wie du, dann würde uns die Farbe fehlen, die uns so hübsch und kenntlich macht! (192)

***

Vor lauter Verstand können manche nicht mehr fühlen. Und gerade das fühlen sie dann und suchen die Ursache. Die Ursache aber sind sie. Es ist ihr Verstand, und den verstehen sie nicht. (193)

***

Ich bin eine Seele. Mein Körper und mein Geist sind Werkzeug. (194)

***

Niemand hat ein Recht darauf, mir meine Freiheit einzuschränken. Auch ich nicht! (195)

***

Helfer mußt du für dich gewinnend finden. Teilhaber kommen dann immer von selbst! (196)

***

Helden sind Gewinner. Sie gewinnen immer sich selbst. Kämpfer sind Sieger. Sie besiegen sich immer selbst. (197)

***

Den anderen ändern zu wollen, heißt — sich selbst ändern zu müssen. (198)

***

Wer sich selbst nicht liebt, kann keine Liebe empfangen, weil er sie nicht kennt und sie nicht spürt — und so viel Liebe ist um ihn. (199)

***

Wenn du traurig bist, dann fühlst du deine Liebe nicht geteilt — und Liebe ist doch unteilbar. Sie ist die Freiheit. Deine. Sie verdoppelt sich, wenn sie angenommen wird. Dann ist Harmonie. Nicht, wenn du sie teilen willst. Denn geteilte Liebe hat nicht den wahren Wert! (200)

***

Nein ist ein beachtliches Wort und das Wort, das am häufigsten mißachtet wird. Wir lernen es als erstes und verstehen es dann auch. Sogar Tiere verstehen es zum Teil, und doch ist es auch das Wort, welches am wenigsten verstanden wird — und durch dessen Mißachtung die größten Schäden entstehen! (201)

***

Keiner sollte verlangen, daß sein Mist von anderen geräumt wird. Er selbst soll es tun! Sonst lebt er darin und schaut auf die anderen, die auch darin leben mit ihm — und wer will im Mist leben! Mist breitet sich aus, wenn er gelassen wird, und dann stinkt es! (202)

***

Wer über sein Bewußtsein hinausgehende Ansprüche stellt, der belastet sich. Wer zufrieden ist mit dem, was er hat, der lebt bewußt und ihm wird es stets mehr. Entlaste dich bis hin zu deinem Bewußtseinsstand, dann wirst du sicher du sein und wachsen! (203)

***

Ich spreche mich und du willst dich hören. Dich kann ich nicht sprechen, denn dich sprichst nur du! Wir sind einer Seele, aber nicht eines Geistes! (204)

***

Unsere Sprache kann häufig nicht ausdrücken, was gemeint ist, und zwar dann, wenn ohne das Gefühl der Seele gehört wird — der Verstand reicht oft nicht aus, denn er hört, was er will, und nicht das, was da gesagt wurde. (205)

***

Du nimmst dir viel vor und schaffst nur wenig und bist enttäuscht. Du nimmst dir wenig vor und schaffst es spielend und bist dann froh und das ist viel und wird dann immer mehr und nichts ist da, was dich belastet. (206)

***

Die Einmaligkeit der Wahrheit liegt darin, daß du sie erkanntest. Sie ist für alle und jeder erfährt sie für sich. Es ist die Selbsterkenntnis. (207)

***

Gern holt dich ein geistig Blinder ein, weil er glaubt, durch dich gestützt zu sein. Und wenn du willst, dann werdet ihr beide blind sein — geistig und suchend werdet ihr tappen euren Weg. Sagst du ihm aber deinen Weg und daß er mit dir gehen kann, dann liegt es bei ihm, mit dir zu gehen — oder allein zu tappen. (208)

***

Das Leben ist wie ein Kreuzworträtsel. Um an die Lösung des Suchwortes zu kommen, brauchst du nicht alles zu wissen. Nur die Nummern, die es ergeben. Und selbst dann, wenn du sie nicht alle hast, wirst du die Lösung selbst ergänzend finden. (209)

***

Die anderen müssen es tun, damit ich mich wohlfühle! Nein, ich muß tun, damit ich mich wohlfühle. Und so jeder. Jeder für alle. Für — und nie gegen, auch nicht gegen einen einzigen! Und für mich soll nicht auf Kosten anderer sein, sondern für alle. (210)

Er hat nicht gesagt, daß er dich heilt. Er hat gefragt, ob du glaubst, daß er dich heilt. Du sagtest ja. Also sagte er — dann sei es so. Und du heiltest. Heiltest dich selbst. Selbst durch deinen Glauben. Du warst es, der dich heilte. Nicht er. Sondern dein Glaube! Nichts besseres gibt es als dich für dich — und ihn für sich! (211)

***

Wenn du nimmst, ohne zu geben, wenn du dich bereicherst auf Kosten anderer, dann bist du ein negativer Egoist, der sich abstößt, und wirst schließlich allein und einsam sein! (212)

***

In allem, was du gern tust, bist du positiv, perfekt, sicher, leistungsfähig, ausdauernd, überzeugend, flink, und man wird deine Dienste gern annehmen, weil du all das ausstrahlst und überträgst. (213)

***

Ich rieche dich — du dich nicht. Du riechst mich — ich nicht mich. Deswegen, weil wir uns selbst ganz normal riechen können. Nur der, der den anderen wegen seines Geruches nicht riechen kann, der sollte überlegen, ob er mit seinem Duft deplaciert ist — also besser verduftet. Denn dann, wenn alle gleich riechen, dann kann es sein, daß es stinkt, und keiner merkt es. (214)

***

Ich spreche gern und höre ungern zu, denn was man mir erzählt, ist meistens die Bewußtlosigkeit. Doch manchmal höre, sehe, fühle ich. Da wird gesagt, getan, was wichtig ist, was das eigentliche Leben ist. Dann empfinde ich das Leben — dann erlebe ich das Leben! (215)

***

Die Möglichkeiten, die heute vorhanden sind, werden geboten. Du bist nicht verpflichtet, sie zu nehmen. Frage dich, ob du persönlich das brauchst, was geboten wird, denn vieles ist nicht für dich — und gleichzutun ist nie deins! (216)

***

Das Gefühl, das man hat, ist immer das Produkt seiner eigenen Gedanken, und das breitet sich in einem aus, festigt sich und wird schließlich, ob gut oder böse, zur Realität! (217)

***

Immer unsicherer wirst du, immer weniger bist du du, wenn du versuchst, es anderen recht zu machen. Immer selbstloser also und dennoch wird es dir nicht gelingen. Du verlierst dich — und wirst kein anderer! (218)

***

Es kommt darauf an, daß du es machst, wenn du sagtest, daß du es machst. Das ist dein Vertrauen und das Vertrauen, das man dir entgegenbringt, daß du verlangst, daß man es dir entgegenbringt! (219)

***

Wenn du nur an die denkst, denen es schlecht geht, ohne etwas für sie zu tun, geht es denen nicht besser, aber du fühlst dich dann auch schlecht. Du hast es nicht verringert, sondern um dich vermehrt. Und so vermehrst du es auch, wenn du dich gut fühlst, denn dann denkst du gut und wirst tätig, Gutes für die, denen es schlecht geht, zu tun — und das ist dann freigelassene Freude, die sich harmonisch in dir und um dich ausbreitet! (220)

***

Sie war völlig außer sich — und konnte sich doch nicht in die anderen hineinversetzen. Das Thema war nicht ihres, es war seines — und so ist es, das manches Thema nicht allgemein diskutierbar ist, weil sonst der Sinn zur Sinnlosigkeit zerredet wird. Es gibt eben Dinge, die man nur mit sich selbst ausmachen kann, und welche, für die man die Hilfe eines anderen braucht — dann geht das nur diese zwei an, die es miteinander und jeder für sich ausmachen — aber andere, die sich damit identifizieren, belasten sich nur! (221)

***

Du suchtest und fandest keinen, und doch war da einer, den du übersahst, weil er dir zu gering und nicht wichtig war. Er ist aber — und für dich das Wichtigste — schau — du bist es — und finde dich! (222)

***

Dummheit ist, es nicht zu tun — aus Feigheit. Überheblichkeit ist, zum Nachteil dummer zu tun, um sich zu bereichern. Und Harmonie ist es, zum Vorteil aller zu tun, was nützt — allen nützt und keinem schadet — denn alles hat sein Echo. (223)

***

Trachte nicht danach, mich so zu machen, wie du bist — denn dich selbst magst du auch nicht immer. (224)

***

Wahre Freundschaft ist ein Geschenk, eine Fundgrube, die man gemeinsam ausbeuten sollte — sie ist weder aufrechenbar oder anrechenbar noch berechenbar — denn wahre Freundschaft wird nie übervorteilt! (225)

***

Je weiter du versuchst, dich in mich hinein zu versetzen, desto weiter entfernst du dich von dir — und je weiter du in dich gehst, desto mehr erkennst du mich! (226)

Sieger werden stets bekämpft von denen, die Sieger sein wollen — und so gibt es immer neue Kämpfe und neue Sieger. Gewinnern geht es hingegen nur um Freunde, und die kommen ganz frei und ohne Kampf! (227)

***

Sieh das Gute im Menschen — der Rest ist nicht etwa schlecht! Er ist nur nicht vollkommen! Dann wird er immer besser! (228)

***

Ausbeuten heißt herausholen, was an Gutem drin ist. (229)

***

Die Alten werden zu Außenseitern, wenn sie von den Jungen nicht lernen wollen, was geändert ist. Überholtes zu verteidigen, ist halsstarrig — kein Wunder also, wenn die Jungen den Alten aus dem Sattel helfen — denn das Prinzip der Masse ist Zerstörung, Niedermachen, um selbst erhöht dazustehen — aber das Getane ändert sich nicht! (230)

***

Wenn ich dir gefallen wollte, dann wäre ich ja du — und das kann mir nie gelingen! Wenn ich einfach nur ich bin und dir dann auch gefalle, dann ist es gut für uns beide. Wenn du mich akzeptierst, wie ich bin bzw. tolerierst, was ich tue, dann bleibst du in Harmonie mit dir und mit mir, und das ist es, was erreicht werden kann. Denn das, was besser ist, kommt zwanglos am schnellsten — es überträgt sich freibleibend und unverbindlich, weil es dann empfunden wird! (231)

***

Die Unwahrheit wird auch dann nicht zur Wahrheit, wenn sie von vielen geteilt wird. (232)

Ich bitte dich, schau mich mal an, und sage mir, was du da siehst! Du sagst, du siehst mich und rechts und links die Weite —. Ich bitte dich, sieh nochmals hin und schau — und du siehst dich und mich und mit uns ist die Weite! (233)

***

Die Verbindung unserer Geister ist mein Wunsch. Das wäre Harmonie. Ich bitte darum, hör' du mir zu. Ich möchte die Verbindung. Ich hör' dir zu. Ich höre deinen Geist. Empfinde und empfange ihn und suche die Verbindung. Ich höre, wenn du bei dir bist, und spüre die Verbindung, die Verbindung unserer Geister. Ja, das ist unsere Harmonie. Harmonie, die uns verbindet! (234)

***

Nur was dir teuer ist, ist dir gut, ist dir wert. Darum investiere in dich. Mach dich wertvoll. Du bist es dir wert. Sei dir deines Wertes bewußt — etwas wertvolleres als dich gibt es nicht. Empfinde deinen Wert. Nur du allein bestimmst ihn. Niemand hat so viel, um dich zu kaufen. Und deshalb hüte dich. Pflege dich und deinen Wert, um ihn dir zu erhalten. (235)

***

Wie wenig brauche ich zum Glück. Und so viel ist vorhanden. Ich nehme mir, soviel ich brauche und soviel ist mein Lager. Bediene dich. Ich gebe ab. Es ist so vieles da. Schau um dich, und du siehst das Lager. Es ist genug für alle da. Drum lasse die anderen auch mit ran. Ran an unser aller Lager und sieh nur: keine Not gibt's mehr, und alle sind zufrieden, und ständig wächst das Lager. (236)

***

Der Dumme stellt den Schuldigen. Der Halbkluge urteilt. Der Kommissar ermittelt, der Staatsanwalt klagt an. Der Richter stellt fest und verkündet das Urteil — im Namen des Volkes. (237)

***

Wie unangenehm, ja geradezu enttäuschend können Fußgänger sein, die über einen Parkplatz gehen, ohne dort einen Wagen abgestellt zu haben — für den, der einen Parkplatz sucht. Du kannst — ihr könnt mich alle — wenn Ihr es empfindet — auch verstehen! (238)

***

Das ist aber teuer! Und doch, ich möchte es haben! Wozu der Geiz, ich gönne es mir — und nun ist es mir wertvoll und teuer! (239)

***

Sie lachte mich an, mich mit meiner frechen Mütze. Sie ging mit ihrer Tochter, die auch eine freche Mütze trug. Für diesen Moment waren wir Verbündete. (240)

***

Du hast noch nicht genug. Was willst du dir aufbürden. Du sollst es tragen können und dich unbeschwert fühlen! (241)

***

Was hattest du nach dem Urlaub so wieder in den Schrank legen können, weil es unbenutzt war! Und was mußtest du kaufen, weil du vergessen hattest, es mitzunehmen. (242)

***

Du bist nicht hilflos. Hilf dir! (243)

***

Wenn ich denke, es könne schlecht gehen, sehne ich es herbei! Wenn ich denke, es wird immer besser, sehne ich es herbei! (244)

***

Vergleiche hinken — ich bin unvergleichbar! (245)

Wir können trotzdem Partner sein. Keinesfalls Gegner! Auch wenn wir nicht einer Meinung sind. (246)

***

So, wie man sich fühlt, denkt man auch. Wie will ich mich fühlen, so sollte ich denken! Man sieht es einem an! (247)

***

Innen ist die Frucht einer guten Nuß. Die Schale ist, wenn man den Kern genießen will, nicht von Wichtigkeit. (248)

***

Die Lebensatmosphäre ist sehr wichtig. In einer feindlichen oder als stickig empfundenen Atmosphäre versagt die Entfaltung. Alles schrumpft bis hin zur Unerträglichkeit. (Lust, Liebe, Qualität, Wohlbefinden, Harmonie ...) (249)

***

Negatives zu suchen, um sich bestätigt zu fühlen, kann befriedigen, aber nicht ändern. Und vor allem nicht glücklich machen! (250)

***

Geduld ist die Sicherheit, die Überzeugung, es geschieht. Geschehen lassen. Es kommt, ohne daran denken zu müssen. Plötzlich ist es da. Das Unterbewußtsein arbeitet ständig. Es hat — und bringt jede Lösung einer jeden Frage, eines jeden Problems. Wofür ist die Zeit? Ungeduld macht unfrei und macht verspannt. Loslassen. Geschehen lassen. Freude ... (251)

***

Weisheit erwirbt man nicht. Weise ist man — im Unterbewußtsein. (252)

Es ist billiger, Genies erst nach ihrem Tod zu erkennen, anzuerkennen, zu vermarkten, zu spekulieren. Sie waren aber schon bei Lebzeiten Genies. (253)

***

Du kannst es hören — verstehen wirst du es, wenn du es empfindest, fühlst. Nicht hören zu wollen, ist fühlen zu müssen. Höre auf dich. Empfinde dich. Frage dich. Du wirst dir antworten! (254)

***

Du bist hier. Schön, daß du hier bist. Du bist bei mir. Bist du bei dir? Bist du in dir? Dann bist du. Du bist! Schön, daß es dich gibt! (255)

***

Das im Augenblick Unverständliche nicht zerstören zu wollen, sondern akzeptierend stehenlassen, nicht gegen angehen, nicht festhalten, ziehen lassen. Wichtiges bleibt. Unwichtiges zieht durch. (256)

***

Partnerschaft ist unterstützen, bzw. Entfaltung gewähren lassen. Nicht Umerziehung. Lange vorher habe ich mich für den Partner entschieden, weil er von mir als gut empfunden wurde, und nicht weil ich meinte, ihn noch formen zu können. (257)

***

Wirken lassen, ohne auf das soeben Gesagte zu antworten. Antworten, die spontan kommen, gehen oft andere Wege. Das Gefühl bleibt unbeachtet. Unverstandensein ist die Folge. (258)

***

Partnerschaft ist Beständigkeit im Gefühl. Nicht Mode. Heute so, morgen so. (259)

Kleider machen zwar Leute, aber der Mensch wird erkannt, wenn man mit ihm spricht — er sich sprechen läßt. (260)

***

Am leichtesten fällt das Urteil über Dinge, von denen man am wenigsten versteht. (261)

***

Positives Denken und Handeln ist der Weg. Ich bin auf dem Wege. Der Therapeut ist ein Wegweiser, die Therapie ist der Wegeplan, die Erläuterung auf den Weg zu kommen. Auf dem Wege ist jeder. Auch der Therapeut. Am Ziel ist nur der Erleuchtete. Das also ist unser Ziel. Das ewige Licht der Erkenntnis. (262)

***

Dein Wille geschehe — für dich. Nicht für die anderen. Denn die sind sie selbst. Und das ist Freiheit — und Harmonie. (263)

***

Denken kann jeder für sich — nicht für die anderen, also braucht er sich auch keine Gedanken über die Gedanken der anderen zu machen. Die fühlen sich dann so, wie sie denken. Das ist Freiheit. (264)

***

Trage die Verantwortung für dich. Sonst mußt du Verantwortung tragen für die, die du verantwortet hast, und kannst du das verantworten? Bist du für sie verantwortlich? Das ist Freiheit! (265)

***

Ich schenke dir mein Gefühl — die Blumen sind dafür symbolisch. Dank dir, nicht mir dafür. Wenn du den Sinn empfindest — die Blumen schenke ich mir. (266)

***

Je größer das Können (Verantwortung, Bewußtsein) — desto größer ist die Verantwortungslosigkeit. (267)

***

Suche nicht in der Weite. Sie ist in dir und führt dich in die Weite! (268)

***

Ich verschließe mich vor dir, weil ich kein Vertrauen zu mir habe. Warum verschließt du dich vor mir — hast du kein Vertrauen zu dir? (269)

***

Unwissenheit urteilt am schnellsten. Richter urteilen im Namen des Volkes. Am grausamsten sind Vorurteile. Am kältesten ist Voreingenommenheit. (270)

***

Toleranz gegenüber dem Andersdenkenden führt zur Harmonie mit ihm — und vor allem mit sich selbst. (271)

***

Nichts ist unmöglich! Es kann nur sein, daß z.Zt. die Möglichkeit noch nicht besteht, bzw. erkannt wurde. (272)

***

Alles ist diskutierbar. Es verliert dann nur seinen Sinn. (273)

***

Alles Denkbare muß nicht bewiesen werden, um wahr zu sein. Es ist. Aus zunächst unrealistisch angesehenen Dingen sind erst später realistische, anerkannte Dinge geworden — als man die Erkenntnisse dazu gefunden hatte — dann, wenn sie erfunden wurden. (274)

Wichtig — was ist wirklich wichtig? Im Augenblick mag es so erscheinen, als sei es wichtig. Und nachher, wenn es der Vergangenheit angehört, hat es dann den Wert der Wichtigkeit gehabt? Das Bewußtsein zu leben, mit allen Freuden, sich des Lebens zu erfreuen, das ist wirklich wichtig! (275)

***

Spüre. Verspüre. Deine Gefühle sind. So wie du dein Leid zu verspüren vermagst, bist du in der Lage, deine unvermeßliche Freude zu verspüren. Du hast Gefühl. Hab' Gefühl für dich, deine Schönheit in dir, deine Freude. Gedanken, die dich unwohl sein lassen, sind nicht für dich. Es sind Dinge, die nicht dich angehen. Eine Last, eine Bürde — mit ihnen kannst du nichts anfangen. Sie wollen dich beherrschen. Deiner Freiheit zuliebe — werf' sie ab. (276)

***

Die kurzen, ungeschützten Wege sind es, auf denen man sich erkältet. (277)

***

Von unten kommt die Kälte, aber auch die Wärme. Halte deine Füße warm, und du wirst dich wohlfühlen — am ganzen Körper. Halte deine Seele warm — dein Bewußtsein. Es schützt dich. (278)

***

Nicht gegen den Krieg, sondern für den Frieden. Nicht gegen das Böse — für das Gute. (279)

***

Dem ernsten Gesicht sieht man die Vernunft an. Dem lächelnden — die Menschlichkeit. Das ist es, was uns sicher macht und uns Vertrauen und Freunde macht. (280)

Partnerschaft ist wie eine Abenteuerreise. Da muß man sich unbedingt aufeinander verlassen können. Das Boot auf dem Wildwasser wird von einem gesteuert, der andere bindet es beim Anlegen immer an der Landseite an — und beide wissen wo das Backbord und wo Steuerbord ist! (281)

***

Erkenne die Natur. Sie ist nicht nur Sonnenschein, sondern auch gefährlich. Die Natur ist ausgewogen. Den gefährlichen Stellen, die bekannt sind, geht man aus dem Wege. Wir sind wie die Natur. Wir sind Natur. Erkenne das. Erkenne diese Ausgewogenheit. Artisten brauchen die Balance. (282)

***

Indem du dir alles bist, wirst du erkennen, daß du nichts bist. Um die Sache allein geht es — und dann wirst du dich wohlfühlen und bist dadurch alles! (283)

***

Mach die Tür zu — als Tür. Laß wissen, daß jeder herein kann, denn die Tür — und nicht dich — hast du verschlossen. Schließ' nie die Tür bei anderen, denn dann verschließt du dich! (284)

***

Ein gutes Gespräch mit freien Menschen zeichnet einen schönen Tag aus. (285)

***

Meckere nicht, denn das ist vergeudet und ändert nichts. (286)

***

Betrüge nicht andere, denn du betrügst dich! (287)

***

Verbreite nicht Negatives, denn du willst es nicht! (288)

***

Frage dich, denn in dir ist die Antwort! (289)

***

Hab keine Angst, und keiner braucht sich vor dir zu fürchten! (290)

***

Geh deinen Weg! Deine Seele wird dir leuchten. (291)

***

Helfe, wenn du es kannst und willst und wenn du darum gebeten wirst! Dann ist die Freude dein Lohn. (292)

***

Gott ist in dir. Du brauchst nur noch zu beten. (293)

***

Wenn du das Licht des Heute suchst, indem du versuchst, das Grau des Gestern aufzuhellen, wirst du Angst vor morgen haben, das dir dann finster ist, und du wirst nichts ändern. (294)

***

Ist das Licht über dir, behütet es dich vor Schatten. (295)

***

Harmonisch ist kritiklos. (296)

Verschwende keine Energie damit, besser sein zu wollen! (297)

***

Liebe in einer Zweierbeziehung ist die halbe Liebe zu sich selbst. (298)

***

Gib anderen, was auch du von ihnen erwartest: Lob, Anerkennung, Liebe. (299)

***

Das Kind verstehen zu lernen, ist viel wichtiger, als das Kind verstehen zu lehren. (300)

***

Fühle du dich wohl mit dir; mehr gilt es nicht. (301)

***

Ich genieße, also bin ich. (302)

***

Nimm dir die Freiheit, bevor man sie dir nimmt! (303)

***

Angst hat der, der sich selbst nicht hat. Er ist gottverlassen. (304)

***

Verstehen der Gemeinsamkeit führt über den Weg der Einsamkeit. (305)

***

Ich bin ständig wachsende Bewußtwerdung, die meinem Unterbewußtsein entspringt. (306)

***

So ungewöhnlich, so verschieden die Menschen auch zu sein scheinen: sie sind alle Menschen. Menschen, die ein Recht gemeinsam verbindet. Das Recht, frei zu sein und individuell. (307)

***

Seid still, werdet wie die Kinder! Das Übel beginnt, wenn wir gefallen wollen. (308)

***

Liebe und Freiheit sind unabhängig. (309)

***

Des Menschen Würde ist unfaßbar. (310)

***

Achte auf deine Gedanken, sie sind der Anfang deiner Taten. (311)

***

Das Böse lebt nicht in der Welt der Dinge, es lebt allein im Menschen. (312)

Verwandle große Schwierigkeiten in kleine — und kleine in gar keine! (313)

***

Wer sein Herz dem Ehrgeiz öffnet, verschließt es der Ruhe. (314)

***

Du willst andere ändern, und andere wollen dich ändern. (315)

***

Du verlangst von anderen und andere von dir. (316)

***

Laß sie sein, wie sie sind, sie wollen es so. Dann kannst du sein, wie du bist und es willst. (317)

***

Wie kann man gemeinsam gehen, wenn man den Weg des anderen nicht gehen will? (318)

***

Nur dann, wenn du dich wohlfühlst, bist du wirklich du. Und wo du dich wohlfühlst, bist du daheim. (319)

***

Mitleid verdoppelt, Trost kann helfen. (320)

***

Es gibt keine Schuld, nur Ursache, und die ist Bewußtsein. (321)

***

Woran du glaubst, das bekommst du. Woran du denkst, das fühlst du. (322)

***

Gottverlassen heißt — sich selbst verlassen zu haben. (323)

***

Jedes neue Erkennen geht in deinen Verstand. Es kommt aus deiner Intelligenz, die das Unterbewußtsein ist und unendlich. (324)

***

Selbstbewußtsein ist die Überzeugung immer das zu finden, was du brauchst, was gut ist für dich — und andere. (325)

***

Sag, was du gut findest an anderen — und es wird mehr. (326)

***

Dein Leben soll dir nicht belastend sein. (327)

***

Was einem schwer ist im Leben, hat man sich selbst bereitet. (328)

***

Der Garant deiner Freiheit ist die Freiheit des anderen, die du ihm läßt. (329)

***

Die größte Nähe zu dir selbst ist die Nähe zu anderen. (330)

***

Fürchte ungute Gefühle und danke für gute! (331)

***

Sei friedlich mit dir, und man wird dir friedlich begegnen. (332)

***

Wer selbst angreift, der lauert darauf, angegriffen zu werden und fürchtet sich. (333)

***

Freundliche Menschen findest du dann, wenn du Menschen freundlich findest. (334)

***

Auch du brauchst dich — nicht nur andere. (335)

***

Mach, was du willst, mit dir und für dich, aber nicht gegen andere, denn das wäre gegen dich. (336)

***

Was du in anderen suchst, findest du in dir. (337)

***

Sag: ich bin frei und glücklich, ich bin freilassend, und ich bin zufrieden und neidlos! (338)

***

Klar zur Wende — Ree. (339)

Wie du beachtest, wirst auch du beachtet. Du bist beachtlich. Beachte dich! (340)

***

Gib dich dir zurück, zurück in Freiheit, und du wirst das gefunden haben, wonach du suchtest. (341)

***

Wer von diesem Brot ißt, der wird ewig leben. (342)

***

Sei mit ihnen und schade dir nicht mit denen, die sich selbst schaden! (343)

***

Die ideale Lebensform, die ich akzeptieren will, fand ich nicht auf dieser, unserer schönen Welt. (344)

***

Sprech von dem, was dich erfreut, denn das ist dir bewußt! (345)

***

Gestern ist Erkenntnis und nicht zu ändern. Morgen ist Spekulation, nur jetzt kannst du etwas tun für dich. Auch was du für andere tust, tust du für dich. (346)

***

Nachahmen des Positiven ist kein Diebstahl, sondern Verdoppelung des Guten. (347)

***

Der Mensch vergeht, nicht die Zeit; die ist ewig wie die Seele. (348)

Geduld ist unbeirrbar, unverirrbar, der geradeste Weg, der zum Ziel führt. (349)

***

Sieh es positiv! Nichts ist schöner, als der Genuß des Momentes. Laß ihn dir nicht verderben, verdirb ihn dir nicht! (350)

***

Gegeben hast du dann, wenn es angenommen wurde. (351)

***

Um Neid zu erwecken, braucht ein Hungernder unter Hungernden nicht mehr als einen Zahnstocher. (352)

***

Ich lebe gern mit glücklichen Menschen zusammen, denn unser Weg ist dann ein unbeschwerlicher. (353)

***

Die Unwahrheit wird auch dann nicht zur Wahrheit, wenn sie von vielen geteilt wird (354).

***

Je freier ich werde, desto unbeherrschbarer werde ich für andere. Je beherrschter ich mir bin, desto freier lasse ich die anderen. (355)

***

Wenn du nichts erwartest, bist du auch nicht enttäuscht. (356)

***

Das Gute findet immer Anhänger. Behalte es also nicht für dich allein! (357)

Die Saat des positiven Denkens gedeiht am besten auf dem Mist der Erkenntnis. (358)

***

Schuld suchen, heißt Lügen finden. Getane Sachen positiv verändern, ist Harmonie. (359)

***

In Ruhe und Besinnung mit dem eigenem Empfinden zu sprechen; da kommen die positiven Gedanken ins Bewußtsein. (360)

***

Sag, was du willst! (361)

***

Lächeln ist Bewußtsein, ist Selbstbewußtsein. (362)

***

Ich bin, und deshalb werde ich stets finden, was ich will. (363)

***

Dein Sein ist dein Schein. Sein wollen und nicht sein, das ist der falsche Schein. Sei du, und du wirst strahlen! (364)

***

Ich bin — Bruno Sörensen. (365)

***

Finde, was du hast: dich. Und verliere dich niemals mehr! (...)

***